Anthony de Mello

Das Leben neu entdecken

Das Buch

Die gebündelte Weisheit Anthony de Mellos: Wach werden und glücklich sein! Im Gespräch mit seinen Zuhörern stellt der Bestseller-Autor und internationale Weisheitslehrer lebendig, unterhaltsam und provozierend vor, was er das Geheimnis seiner Lebenskunst nennt. Das Buch geht auf eine Vortragsreihe an der US-amerikanischen Fordham University zurück.

Der Autor

Anthony de Mello, 1931–1987, geboren in Mumbai, studierte nach seinem Eintritt in den Jesuitenorden Philosophie, Theologie und Psychologie in Europa, Indien und den USA. Als Gründer und Leiter des Sadhana Institute in Lonavala (Indien) und weltweit gefragter Kursleiter vermittelte der multikulturell geprägte Lehrer lebenspraktische Weisheiten und Erzählungen aus verschiedenen religiösen Lehren auf humorvolle Weise. Seine in vielen Ländern verbreiteten Bücher machen ihn zu einem der international bekanntesten spirituellen Autoren.

Anthony de Mello

Das Leben neu entdecken

Aus dem Englischen
vcn Ulrike Strerath-Bolz

HERDER

FREIBURG · BASEL · WIEN

HERDER spektrum Band 6587

MIX
Papier aus verantwortungsvollen Quellen
FSC® C083411
FSC
www.fsc.org

Titel der Originalausgabe:
Rediscovering Life. Awaken to Reality
Published by Image books, an imprint of the Crown Publishing Group, a division of Random House, Inc.

This translation is published by arrangement with Image books, an imprint of the Crown Publishing Group, a division of Random House, Inc.

Für die deutschsprachige Ausgabe:

www.herder.de

Umschlagkonzeption: Guter Punkt, München
Umschlaggestaltung: Verlag Herder

Umschlagmotiv: © Ihnatovich / shutterstock

Satz: Barbara Herrmann, Freiburg
Herstellung: CPI books GmbH, Leck

Printed in Germany

ISBN 978-3-451-06587-3

„Warum hast du das Geheimnis des Glücks vor mir verborgen?", fragt der Schüler den Meister.

„Hast du den Vogel singen gehört?"

„Ja", antwortet der Schüler.

„Dann weißt du", sagt der Meister, „dass ich nichts vor dir verborgen habe."

„Ja", sagt der Schüler.

Inhalt

Vorwort

Selten im Leben begegnen wir einem Buch, das unser Leben wirklich verändern kann. Dies hier ist ein solches Buch.

Es beruht auf einem Seminar, das Tony 1984 in Zusammenarbeit mit der Fordham University hielt. Und es zeigt wieder einmal seine Gabe als Geschichtenerzähler – mit Botschaften von Frieden, Annahme, Mitgefühl und Erleuchtung – vor einem heutigen Publikum.

Wenn Sie anfangen, Tony de Mellos Weisheitsgeschichten zu lesen, dann ist es unerheblich, ob Sie sechzehn oder sechzig Jahre alt sind. Es kommt auch nicht darauf an, auf welcher Seite Sie zu lesen beginnen oder wie viele Seiten Sie in einem Zug lesen. Seine Worte sind angefüllt mit Weisheit – einer Weisheit, die davon ausgeht, dass Wachstum allmählich stattfinden kann, aber gelegentlich auch ganz plötzlich eintritt. Manchmal wacht man aus heiterem Himmel auf und alles ist anders.

Spielen Sie mit den Worten, die Sie in diesem Buch finden. Behalten Sie sie im Hinterkopf und lassen Sie sie immer wieder hochsteigen – während Sie an der

Rezeption im Hotel stehen, in einem Stau auf der Autobahn, an der roten Ampel. Entdecken Sie wieder, was es bedeutet, glücklich zu sein und dauerhaften Frieden zu empfinden.

Es sagte ein verlassener Liebender: „Ich habe mir einmal die Finger verbrannt, ich verliebe mich nie wieder."

Und der Meister sagte: „Du bist wie die Katze, die sich verbrannt hat, weil sie auf dem Herd saß, und sich jetzt weigert, jemals wieder zu sitzen."

Das Teuerste in Ihrem Leben ist Ihre Zeit! Verschwenden Sie keine Sekunde mehr mit Unglücklichsein!

Jonathan Galente und Desmond Towey
Leiter des De Mello Stroud Spirituality Centers

Das Leben neu entdecken

Lassen Sie mich zu Beginn erzählen, was ich hier mit Ihnen vorhabe. Unser Thema ist die Wiederentdeckung des Lebens. Vor ungefähr zehn Jahren habe ich etwas entdeckt, das mein Leben auf den Kopf gestellt hat. Eine Revolution für mich. Ich bin ein neuer Mensch geworden. Und das möchte ich mit Ihnen teilen. Es ist mir eine ganz besondere Freude, es mit Ihnen zu teilen, obwohl Sie vielleicht zu mir sagen: „Wie kommt es, dass du erst vor zehn oder zwölf Jahren davon gehört hast? Hast du denn die Evangelien nicht gelesen?“ Natürlich hatte ich die Evangelien gelesen, aber ich hatte es nicht gesehen. Es war da, aber ich hatte es nicht gesehen.

Später, als ich es entdeckt hatte, fand ich es in allen wichtigen religiösen Schriften und habe gestaunt. Verstehen Sie, ich hatte es gelesen und nicht erkannt! Gott, wie sehr hätte ich mir gewünscht, ich hätte es gefunden, als ich noch jünger war. Was hätte es alles verändert!

Wie lange wird es dauern, es Ihnen zu vermitteln? Einen ganzen Tag? Ehrlich gesagt, ich glaube, es dauert nicht länger als zwei Minuten. Bis Sie es allerdings begriffen und verstanden haben, das kann zwanzig, fünfzehn oder zehn Jahre dauern, zehn Minuten oder einen Tag, drei Tage … wer weiß? Das hängt von Ihnen ab.

In den Jahren nach meiner ursprünglichen Entdeckung haben mir verschiedene Leute erzählt, dass auch ihr Leben ziemlich umgewälzt wurde. Es waren nicht sehr viele – leider waren es sogar eher sehr wenige. Ich neige zu der Ansicht, wenn einer von tausend Zuhörern meine Botschaft wirklich hört, dann ist das ein ganz guter Schnitt. Aber ist sie denn so schwer zu hören? So schwer zu verstehen?

Sie ist so einfach, dass ein siebenjähriges Kind sie verstehen könnte.

Ist das nicht seltsam? Tatsächlich denke ich heute: *Warum habe ich es nicht gesehen?*

Ich weiß es nicht. Ich weiß nicht, warum ich es nicht erkannt habe, aber so war es. Vielleicht kann der eine oder die andere von Ihnen heute es sehen, wenigstens zum Teil. Was brauchen Sie, um es zu sehen? Nur eins: die Fähigkeit zum Zuhören, das ist alles. Können Sie zuhören? Wenn ja, dann könnten Sie es auch verstehen.

Allerdings ist Zuhören nicht so einfach, wie Sie vielleicht glauben. Warum ist das so? Weil wir immer von festen Vorstellungen aus zuhören, ausgehend von festen Standpunkten und Vorurteilen. Zuhören bedeutet auch nicht, dass Sie einfach alles schlucken.

Das wäre Leichtgläubigkeit. „Oh, wenn er es sagt, dann glaube ich es."

Ich will nicht, dass mir jemand mit einer „gläubigen" Einstellung zuhört. Sie können den Lehren der Kirche glauben oder der Bibel, aber mir bitte nicht. Ich möchte, dass Sie alles in Frage stellen, was ich sage, dass Sie darüber nachdenken und nachfragen. Sie dürfen mich auch gern unterbrechen. Stellen Sie Fragen, heben Sie einfach jederzeit die Hand.

Andererseits bedeutet Zuhören auch nicht Angreifen, obwohl ich Ihnen etwas erzählen werde, das so neu ist, dass einige von Ihnen mich vielleicht für verrückt halten, für durchgedreht. Und dann geraten Sie natürlich in Versuchung, mich anzugreifen. Wenn Sie einem Marxisten erklären, dass mit dem Marxismus etwas nicht in Ordnung ist, dann wird er Sie vermutlich auf der Stelle angreifen. Wenn Sie einem Kapitalisten erklären, dass mit dem Kapitalismus etwas nicht stimmt, dann wird er zu den Waffen greifen. Wenn Sie einem Amerikaner sagen: „Hey, weißt du was, mit den Vereinigten Staaten ist etwas nicht in Ordnung!", wird das Gleiche passieren, ebenso bei einem Inder und so weiter.

Es geht also nicht darum, alles zu schlucken, aber es geht auch nicht darum, alles anzugreifen. Oder zuzustimmen.

Kennen Sie die Geschichte von dem Jesuitenoberen, der so viel Erfolg hatte? Die Leute fragten ihn:

„Wie kommt es, dass Sie als Oberer so viel Erfolg haben?“ Und er erwiderte: „Das ist ganz einfach, die Formel ist ganz simpel: Ich stimme allen zu, einfach allen.“ Und die Leute sagten: „Seien Sie doch nicht albern, Sie können doch kein erfolgreicher Oberer sein, wenn Sie allen Leuten zustimmen?“ Und er antwortete: „Da haben Sie recht. Wie kann man nur ein erfolgreicher Oberer sein, wenn man allen Leuten zustimmt?“

Es geht mir nicht darum, dass Sie mir zustimmen. Sie können mir auch widersprechen und es trotzdem verstehen. Ist das nicht erstaunlich? Es geht um Aufmerksamkeit. Seien Sie aufmerksam und wachsam. Hören Sie mit einem frischen Geist zu. Das ist auch nicht einfach – mit einem frischen Geist zuhören, ohne Vorurteile, ohne feste Formeln.

Kennen Sie das berühmte englische Sprichwort: *An apple a day keeps the doctor away?* Ein Apfel am Tag hält dir den Doktor vom Hals? Tja, da gab es diesen Kerl, der hatte eine Affäre mit der Frau des Arztes und aß jeden Tag einen Apfel. Irgendetwas hat er wohl falsch verstanden, weil er von einer festen Formel her dachte.

Mir hat jemand von einem Priester erzählt, der versuchte, einen Alkoholiker aus seiner Gemeinde zu überzeugen, dass er mit dem Trinken aufhören sollte. Er nimmt also ein Glas mit reinem Alkohol und lässt einen Wurm hineinfallen. Und der arme Wurm windet sich und stirbt. Der Priester sagt zu dem Alkoholiker: „Verstehst du, was ich meine, John?" Und John sagt: „Klar, Pater, ich habe verstanden. Alkohol hilft, wenn man Würmer hat." Er hatte eine Botschaft empfangen, aber welche? John hatte nicht zugehört, verstehen Sie?

Ich kann mich auch an einen Fall erinnern, wo ein Pater nicht zuhörte, ein Gemeindepfarrer. Ein Mann kommt zu ihm, und er liest in der Zeitung und will nicht gestört werden. Der Mann sagt: „Entschuldigen Sie, Pater." Der Pater ignoriert ihn, aber der Mann versucht es noch mal: „Entschuldigen Sie, Pater." Der Pater sagt: „Was ist denn?" Und er fragt ihn: „Könnten Sie mir sagen, wovon man Arthritis kriegt?" Der gereizte Pater sagt: „Arthritis? Vom Alkohol trinken. Vom Umgang mit liederlichen Frauen. Und natürlich vom Kartenspielen, davon kriegt man Arthritis. Wieso fragen Sie?" Und der Mann sagt: „Weil in Ihrer Zeitung steht, der Heilige Vater leidet unter Arthritis."

Der Pater hatte nicht zugehört, verstehen Sie? Wenn Sie bereit sind, etwas Neues, Einfaches oder Unerwartetes zu hören, was allem bisher Gehörten widerspricht – sind Sie dazu bereit? –, dann hören Sie vielleicht auch, was ich Ihnen zu sagen habe.

Vielleicht verstehen Sie es.

Als Jesus das Evangelium verkündigte, wurde er vermutlich nicht nur angegriffen, weil das, was er lehrte, gut war, sondern weil es *neu* war. Wir hassen alles Neue. Ich habe jedenfalls alles Neue gehasst. Gebt mir meine alten Sachen! Das Neue mögen wir nicht, es ist zu störend, zu befreiend. Buddha hat sehr schön formuliert, worum es bei der Fähigkeit zum Zuhören geht. Er hat gesagt: „Mönche und Schüler sollen meine Worte nicht aus Respekt annehmen, sondern sie sollen sie untersuchen, wie ein Goldschmied Gold untersucht: durch Schneiden, Kratzen, Reiben und Schmelzen." Sie sollen meine Worte nicht aus Respekt vor mir annehmen, sondern Sie sollen daran herumkratzen und sie auf diese Weise untersuchen, wie ein Goldschmied Gold untersucht, verstehen Sie? Schneiden, kratzen, reiben, schmelzen.

Also gut, das wäre geklärt.

Was meine ich, wenn ich vom *Leben* spreche? Sehen Sie sich die Welt an, und ich lade Sie auch ein, einen Blick auf Ihr eigenes Leben zu werfen. Wenn Sie Ihren Blick auf die Welt richten: Armut allenthalben. In der *New York Times* habe ich gelesen, wie viele Millionen Menschen in den Vereinigten Staaten aus der Sicht der amerikanischen Bischöfe unterhalb der Armutsgrenze leben, wobei diese Grenze von der Regierung gezogen wird. Wenn Sie das für Armut halten, gehen Sie mal in andere Länder und sehen Sie sich die Ärmlichkeit, den Schmutz und das Elend an. Soll das vielleicht Leben sein?

Aber ich kann Ihnen selbst dort Leben zeigen. Vor etwa zwölf Jahren habe ich einen Rikschafahrer in Kalkutta kennengelernt. Wenn Sie in einer Rikscha fahren, werden Sie nicht von einem Pferd gezogen, sondern von einem Menschen. Die Lebenserwartung dieser armen Leute beträgt noch zehn bis zwölf Jahre, nachdem sie als Rikschafahrer angefangen haben. Sie halten das nicht lange durch, sie erkranken an Tuberkulose und sterben schnell.

Der Mann hieß Ramchandra, und er hatte Tuberkulose. Damals gab es in Indien eine kleine Gruppe von Leuten, die illegal Skelette exportierte. Irgendwann kam man ihnen auf die Schliche, aber wissen Sie, was diese Leute taten? Sie kauften anderen ihr Skelett ab, solange sie noch lebten. Wenn man sehr arm war, ging man zu ihnen und verkaufte ihnen sein Skelett für ungefähr zehn Dollar.

Diese Leute fragten die Rikschafahrer: „Wie lange arbeitest du schon auf der Straße?“ Und wenn jemand wie Ramchandra antwortete: „Zehn Jahre“, dann dachten sie sich: Oh, gut, der hat nicht mehr lange zu leben. „Alles klar, hier ist dein Geld.“ Und sobald einer von diesen Männern starb, stürzten sie sich auf den Toten und nahmen ihn mit, und wenn der Leichnam mithilfe bestimmter Mittel schnell verwest war, dann hatten sie das Skelett.

Ramchandra hatte sein Skelett verkauft, so arm war er. Er hatte Frau und Kinder, und er hatte den

Dreck, die Armut, das Elend und die Unsicherheit. Niemals würde man bei einem solchen Menschen Glück erwarten, nicht wahr? Aber ihn schien das alles nicht anzufechten, ihm ging es gut. Er machte sich überhaupt keine Sorgen.

Ich fragte ihn: „Machst du dir keine Sorgen?"

„Worüber?"

„Na ja, über deine Zukunft, die Zukunft deiner Kinder."

Er sagte: „Also, ich tue mein Bestes, und der Rest liegt in Gottes Hand."

Ich fragte weiter: „Aber was ist mit deiner Krankheit? Du leidest doch darunter, oder nicht?"

„Ein bisschen", gab er mir zur Antwort. „Wir müssen das Leben nehmen, wie es ist."

Ich habe ihn nie schlecht gelaunt erlebt. Aber als ich mit diesem Mann redete, begriff ich plötzlich, dass ich es mit einem Mystiker zu tun hatte. Ich begriff, dass ich das Leben selbst vor mir hatte. Er war lebendig. *Ich* war tot.

Erinnern Sie sich an die wunderbaren Worte von Jesus? Schaut euch die Vögel des Himmels an, die Lilien auf dem Felde. Sie säen nicht, sie spinnen nicht, sie machen sich überhaupt keine Sorgen um die Zukunft. Ganz anders als ihr. So stand Ramachandra vor mir. Ich habe ihn nur einmal kurz in Kalkutta getroffen und bin dann weitergezogen. Jetzt lebe ich weiter im Süden von Indien. Keine Ahnung, was aus ihm geworden ist, ich gehe davon aus, dass er mittlerweile gestorben ist. Aber ich weiß, ich habe einen Mystiker getroffen. Einen außergewöhnlichen Menschen. Er hatte das Leben entdeckt – oder neu entdeckt.

Der Geist des Menschen ist eine ganz außerordentliche Sache. Er hat den Computer erfunden, die Atomspaltung. Er hat Raketen in den Weltraum geschickt. Aber das Problem des menschlichen Leidens, des Kummers, der Einsamkeit, Leere und Verzweiflung hat er nicht gelöst. Ich denke, Sie alle haben schon Einsamkeit, Kummer, Leere, Niedergeschlagenheit und Verzweiflung erlebt. Wie kommt es, dass wir darauf noch keine Antwort gefunden haben?

Wir haben jede Menge technologische Fortschritte erreicht. Aber ist dadurch unsere Lebensqualität auch nur ein Deut besser geworden? Wollen Sie meine Meinung hören? Nein, ist sie nicht! Oh, natürlich haben wir mehr Komfort, mehr Tempo, mehr Spaß und Unterhaltung, wohl wahr. Mehr Gelehrsamkeit, technologische Entwicklungen. Aber hat es irgendeine Verbesserung gegeben, die Einsamkeit, Leere und Kummer auflöst? Irgendeine Verbesserung in Sachen Gier, Hass und Konflikte? Weniger Streit? Weniger Grausamkeit? Wenn Sie meine Meinung hören wollen, ich glaube, es ist eher schlimmer geworden.

Und die Tragödie ist, wie ich vor etwa zehn Jahren erkannt habe: Das Geheimnis ist ja gefunden worden! Warum nutzen wir es nicht? Wir wollen nicht, das ist der Grund. Unglaublich, oder? Wir wollen nicht. *Wir wollen nicht.* Können Sie sich vorstellen, dass ich zu jemandem sage: „Schau her, ich schenke dir eine Formel, die dich für den Rest deines Lebens glücklich macht. Du wirst jede einzelne Minute deines Daseins genießen." Stellen Sie sich vor, ich würde das zu Ihnen sagen.

Genau das sage ich heute zu Ihnen. Ich werde Ihnen diese Formel schenken. Und wissen Sie, was die meisten von Ihnen tun werden? Tut mir leid, wenn ich Sie schon im Voraus beleidige, aber wenn Sie auch nur im Entferntesten so sind wie meine bisherigen Zuhörer, wissen Sie, was die meisten von Ihnen tun werden? Sie werden sagen: „Ach, hör auf. Erzähl es mir nicht. Hör auf, ich will es nicht hören." Sie werden es nicht hören wollen, und das müssen Sie mir nicht einmal glauben, ich werde es Ihnen beweisen.

Glück kommt von Loslassen

Vor einiger Zeit habe ich in St. Louis/Missouri ein Seminar gehalten. Unter den Teilnehmern war ein Priester, und er kam zu mir und sagte: „Ich nehme jedes Wort an, was Sie an diesen drei Tagen gesagt haben, jedes einzelne Wort. Und wissen Sie, warum? Nicht, weil ich getan habe, wozu Sie uns aufgefordert haben – daran herumzuschneiden, zu reiben, zu kratzen und zu untersuchen. Nein, ich habe vor ungefähr drei Monaten einen sterbenden Aidskranken begleitet. Und der Mann hat mir Folgendes gesagt: ‚Herr Pfarrer, vor einem halben Jahr hat mir der Arzt mitgeteilt, dass ich nur noch sechs Monate zu leben habe.‘ Der Mann lag im Sterben, verstehen Sie? ‚Er hat mir gesagt, ich hätte noch genau sechs Monate zu leben, und ich habe ihm geglaubt. Und wissen Sie was, Herr Pfarrer? Es waren die glücklichsten sechs Monate in meinem ganzen verpfuschten Leben. Die glücklichsten! Tatsächlich war ich vorher überhaupt nie glücklich. Ich habe das Glück entdeckt.‘ Er sagte: ‚Als der Arzt es mir mitgeteilt hat, habe ich Anspannung, Druck, Angst und Hoffnung einfach fallen lassen. Und ich bin nicht in die Verzweiflung gestürzt, sondern endlich ins Glück.‘“ Und der Priester sagte: „Wissen Sie, seitdem habe ich immer wieder über die Worte dieses Mannes nachgedacht. Als ich Ihnen jetzt an diesem Wochenende zugehört habe, habe ich gedacht, er ist wieder zum Leben erwacht. Sie sagen genau das Gleiche wie er.“

Der Mann hatte es verstanden. Er hatte es gefunden.

Die Formel ist hier, genau hier. Man kann sie bei Paulus im Philipperbrief finden: „Ich habe nämlich gelernt, mich mit meiner Lage abzufinden. Ich weiß arm zu sein, und ich weiß reich zu sein. In alles und jedes bin ich eingeweiht, ins Sattsein und Hungerleiden, ins Reichsein und Mangelhaben“ (Philipper 4,11–12).

Das heißt: Ich habe gelernt, mit allen Umständen zurechtzukommen. Ob ich gutes Essen bekomme oder hungrig bleibe, ob man gut für mich sorgt oder nicht. Kurz vorher sagt Paulus: „Freut euch im Herrn allezeit! Noch einmal will ich es sagen: Freut euch!“ (Philipper 4,4). Ich denke an Ramchandra in Kalkutta, ich denke an den Aidskranken in St. Louis. Genau darüber spricht Paulus. Ich hatte es mein Leben lang gelesen und nie verstanden. Es sprang mir geradezu ins Gesicht, und ich begriff es einfach nicht.

Ihr Leben liegt in Ihrer Hand

Nehmen wir also zunächst einmal an, *Sie wollen es begreifen.* Nehmen wir an, *Sie wollen es sehen.* Was müssen Sie dann tun? Sie müssen einige Wahrheiten über sich selbst zur Kenntnis nehmen.

Und welche sind das? Zunächst einmal: *Ihr Leben ist ein Chaos.* Das gefällt Ihnen nicht? Vielleicht ist das der beste Beweis, dass es stimmt. Ihr Leben ist ein Chaos. Die Leute sagen zu mir: „Was soll das heißen, mein Leben ist ein Chaos? Ich lerne, habe gute Eltern, gute Beziehungen zu meiner Familie. Ich habe einen Freund, eine Freundin. Alle mögen mich,

ich bin gut im Sport und habe eine ziemlich strahlende berufliche Zukunft vor mir."

„Ach ja?"

„Ja!"

„Sie glauben, Ihr Leben ist kein Chaos? Dann machen wir jetzt mal einen Test. Fühlen Sie sich manchmal einsam? Haben Sie gelegentlich Kummer? Sind Sie gelegentlich durcheinander und aufgeregt?"

„Sie meinen – ich soll mich nicht aufregen?"

„Wollen Sie die reine, klare, schlichte Antwort hören?"

„Ja."

„Nein."

„Sie meinen, überhaupt niemals aufregen?"

„Genau, Sie haben richtig gehört. Keine Aufregung, keine Sorgen."

„Ach, hören Sie doch auf, ich will nichts mehr davon hören."

Verstehen Sie, was ich meine? Er oder sie hat eine Theorie, und die lautet: Menschen müssen sich Sorgen machen, das gehört einfach dazu. Gut, machen Sie einfach weiter, regen Sie sich auf, machen Sie sich Sorgen ...

Ich zitiere oft ein schönes Sprichwort: „Bring einem Schwein nicht das Singen bei. Du verschwendest deine Zeit und verwirrst das Schwein." Diese Lektion habe ich ‚auf die ganz harte Tour' lernen müssen. Inzwischen habe ich aufgehört zu versuchen, Schweinen das Singen beizubringen. Du willst nicht hören, was ich sage? Dann tschüs! Wir müssen uns darüber nicht streiten. Ich bin bereit zu erklären, Dinge klarer zu machen, aber streiten? Das ist es nicht wert.

Haben Sie jemals einen inneren Konflikt durchlitten? Nein? Alle Ihre Beziehungen laufen gut? Mit allen Menschen? Ja? Sie meinen, Sie genießen jede einzelne Minute Ihres Lebens? Na ja, vielleicht nicht jede …

Verstehen Sie, was ich Ihnen gesagt habe? Vielleicht denken Sie: Ja, aber, Moment mal! Und Ihnen fallen Einwände aus Ihrem Weltbild ein. Na dann, gut! Und tschüs, auf ein ander Mal! Warum sollen wir uns streiten? Ich habe keine Lust auf Streit, und damit Schluss. Ich habe das alles schon mal erlebt. Streit interessiert mich nicht. Entweder sehen Sie der Tatsache ins Gesicht, dass Ihr Leben ein Chaos ist, oder eben nicht. Wenn Sie der Tatsache nicht ins Gesicht sehen wollen, dann habe ich Ihnen nichts zu erzählen.

Ihr Leben ist ein Chaos, das heißt: Sie sind zumindest durcheinander und aus der Fassung. Sie fühlen sich einsam. Die Leere starrt sie an. Sie haben Angst.

„Angst? Ich?“

„Ja! Ihr Leben ist ein Chaos!“

„Sie meinen, wir sollen keine Angst haben?“

„Nein, mein Herr, meine Dame. Nein, Sie sollen keine Angst haben.“

„Überhaupt keine?“

„Überhaupt keine.“

„Aber Mohammed hat …“

„Entschuldigen Sie, könnten wir uns etwas später mit Mohammed beschäftigen? Jetzt würde ich gern über Sie reden.“

Furchtlosigkeit. Sie haben keine Ahnung, was das bedeutet. Und besonders tragisch ist, Sie glauben nicht, dass Sie sie erreichen können. Dabei ist sie so einfach zu erreichen. Seitdem man Ihnen gesagt hat, dass sie unerreichbar ist, versuchen Sie sie nicht mehr zu finden, dabei ist sie da, vor Ihrer Nase. Die ganze Bibel ist voll davon, Sie wollen sie bloß nicht sehen. Weil man Ihnen gesagt hat, sie sei unerreichbar.

Haben Sie Angst vor der Zukunft? Ein kleines bisschen Angst, Furcht, Sorge? Ja, Ihr Leben ist ein Chaos! Wie sieht's aus, wollen Sie es in Ordnung bringen? Dauert nur fünf Minuten, abhängig von Ihrer Bereitschaft. Sie müssen nicht mal aufstehen. Sie können da auf Ihrem Stuhl sitzen bleiben und in fünf Minuten Ihr Leben in Ordnung bringen. Und ich meine das ernst, es ist kein Verkaufstrick. Ich meine das wirklich ernst. Es ist so einfach und so todernst, dass die Leute daran vorbeilaufen. Aber Sie können es haben.

Wissen Sie, wie die Diamantenminen in Südafrika entdeckt wurden? Das ist eine sehr interessante Geschichte; ich habe sie vor einiger Zeit gelesen. Der Autor erzählte Folgendes: Da sitzt ein Weißer in Südafrika vor der Hütte des Häuptlings in einem der Dörfer. Und er sieht, wie die Kinder mit etwas spielen, das wie Murmeln aussieht. Als er erkennt, dass es gar keine Murmeln sind, setzt sein Herzschlag kurz aus. Er hebt ein paar davon auf – Diamanten!

Da sagt er zu dem Häuptling: „Kannst du mir ein paar davon mitgeben? Weißt du, ich habe Kinder, die spielen dieses Spiel auch, aber diese Murmeln sind ein bisschen anders als unsere. Ich gebe dir einen Beutel Tabak dafür."

Der Häuptling lacht: „Das wäre ja Betrug, wenn ich dir wegen dieser Dinger hier deinen Tabak wegnehmen würde. Wir haben Tausende davon." Und er gibt dem Weißen einen Korb voll. Der Mann geht weg, kommt mit einer Menge Geld zurück, kauft das ganze Land und wird innerhalb von zehn Jahren der reichste Mann der Welt.

Diese Geschichte könnte ebenso gut ein Gleichnis sein, und zwar ein tragisches, schmerzhaftes Gleichnis. Ich erinnere mich an mein eigenes Leben und denke: *Warum habe ich es verschwendet?* Denn ich habe es verschwendet. Und alle möglichen wunderbaren Dinge noch dazu, das können Sie mir glauben: seelsorgliche Dienste, theologische Unternehmungen, Gottesdienste und so weiter. Je beschäftigter wir mit göttlichen Dingen sind, desto eher vergessen wir

Priester, worum es bei Gott geht – und desto selbstgefälliger werden wir. Das ist die Geschichte Jesu. Denn wer, glauben Sie, hat Jesus beseitigt? Die Priester, wer denn sonst? Die frommen Leute. Das ist der ganze Schrecken des Evangeliums, verstehen Sie?

Heute habe ich also das Gefühl, ich habe mein Leben verschwendet. Ich bereue nichts, keine Minute. Warum sollte ich jetzt noch weitere Minuten damit vergeuden, dass ich die Vergangenheit bereue? Aber Tatsache ist: Ich habe es verschwendet. Ich muss an die Geschichte von dem Fischer denken, der sich früh am Morgen aufmacht, um zum Fischen hinauszufahren, und – offenbar ist es sehr dunkel – über etwas stolpert, das aussieht wie ein Sack. Er hebt es auf und denkt: Das ist wahrscheinlich Strandgut von einem Schiffbruch. Und als er den Sack öffnet, kann er Kieselsteine darin fühlen. Er holt sie heraus und spielt bis zur Morgengrauen damit, indem er die Steine ins Meer wirft, um am Geräusch zu hören, wie weit sie geflogen sind.

Als der Morgen graut, schaut er noch einmal in den Sack und erkennt darin drei Edelsteine. Du lieber Himmel, der ganze Sack war voll mit Edelsteinen und er hat es nicht gewusst. Zu spät!

Nein, nicht zu spät! Er hat noch drei Edelsteine übrig. Es ist überhaupt nicht zu spät!

Lassen Sie uns kurz noch einmal an die Leute zurückdenken, die auf dem Diamentenfeld lebten. Angenommen, sie hätten Hunger gelitten. Die Kinder waren unterernährt und suchten nach etwas zu essen. Sie bettelten, flehten andere Menschen an, ihnen etwas zu essen zu geben. Und jetzt kommt jemand und sagt ihnen: „Hey, ihr solltet das Land nicht verkaufen, ihr habt da eine Diamantenmine. Seht ihr das? Das ist ein Diamant, den könnt ihr verkaufen. Ihr kriegt hunderttausend Dollar dafür, ihr ..."

Und sie sagen: „Ach was, das ist doch kein Diamant, das ist ein Stein." Sie haben sich in den Kopf gesetzt, dass es nur ein Stein ist. Sie weigern sich zuzuhören.

So ist das mit den Menschen, überall. Sie hören nicht zu, sie wollen nicht hören. Man sagt Ihnen, dass das Leben großartig und schön ist: „Du könntest es genießen. Du hättest nicht eine Minute der Anspannung, keine einzige. Keinen Druck. Keine Angst. Willst du es haben?" Und die Antwort ist: „Das ist unmöglich. Das ist noch nie vorgekommen. Geht nicht." Kein Forschergeist, kein: „Auf, lass es uns herausfinden!" Nein, nein, nein. Geht nicht. „Wir wollen das nicht hören. Unsere Pfarrer haben uns gesagt, es geht nicht, und unsere Psychologen sagen dasselbe. Und jetzt kommst du und behauptest, es geht doch?"

Sie wollen gar nicht raus aus dem Chaos!

Die erste Wahrheit ist: Sie müssen zugeben, dass Ihr Leben ein Chaos ist. Die zweite ist schon ein bisschen schwieriger. Sind Sie bereit? Hier kommt sie: *Sie wollen nicht raus. Sie wollen gar nicht raus aus dem Chaos.* Sprechen Sie mit irgendeinem Psychologen, der die Berufsbezeichnung wert ist, und er wird es Ihnen bestätigen. Das Letzte, was ein Klient will, ist gesund werden. Er will nicht gesund werden, er will es nur ein bisschen leichter haben.

Eric Berne, einer der großen Psychiater in den Vereinigten Staaten, sagt es ziemlich drastisch. Er schlägt vor, man solle sich einen Klienten vorstellen, der bis zur Nase in einer Jauchegrube steht. Und der Klient spricht jetzt mit seinem Arzt und sagt ihm: „Könnten Sie mir bitte helfen und dafür sorgen, dass niemand Wellen macht?"

Der Klient will gar nicht raus aus der Jauchegrube, auf keinen Fall! Da raus? Um Himmels willen, nein! *Hilf mir bloß, dass es keine Wellen gibt.* Das hätte er gern. Raus will er nicht.

Wollen Sie das an sich selbst ausprobieren? Ich gebe Ihnen ein paar Minuten Zeit, dann können Sie den Test sofort machen. Nämlich so: Stellen Sie sich vor, Sie könnten absolut glücklich sein, würden aber ihren Hochschulabschluss nicht bekommen. Wären Sie bereit, den Hochschulabschluss für das Glück aufzugeben? Sie bekommen diese Frau nicht als Freundin oder diesen Mann nicht als Freund. Wären Sie bereit, sie oder ihn aufzugeben, um glücklich zu sein? Na? Oder wie wäre es hiermit? Sie werden keinen Erfolg haben, Sie werden scheitern und jeder wird Sie einen Idioten nennen. Aber Sie werden glücklich sein, absolut und restlos glücklich. Wären Sie bereit, die Meinung der anderen zu ignorieren, um glücklich zu sein? Denken Sie mal darüber nach, gern auch später.

Mir fällt eine Anzeige aus einer Zeitung in Syracuse/New York ein: Darin hielt sich ein Mädchen an einem Jungen fest und sagte: „Ich will nicht glücklich sein. Die einzigen glücklichen Menschen, die ich kenne, sind im Irrenhaus. Ich will lieber mit dir unglücklich sein."

Verstehen Sie, was ich meine? „Ich will nicht glücklich sein, ich will lieber mit dir unglücklich sein." Wenn man ihr ein bisschen Zeit gibt, macht sie eine Theologie daraus, warten Sie's nur ab.

Die Leute wollen nicht raus, auf keinen Fall. „Ich will nicht glücklich sein, sondern berühmt." Oder: „Ich will nicht glücklich sein, ich will diese Goldmedaille bei den Olympischen Spielen bekommen." Nehmen wir einmal an, ich sagte jetzt: „Pass auf, wenn du diese Goldmedaille aufgibst, wirst du glücklich sein, lass sie sausen. Wofür brauchst du eine

Goldmedaille? Warum willst du bis an die Spitze kommen, der Chef deiner Firma werden? Ich mache dich glücklich. Mit einem Einkommen von 10 000 Dollar, aber du wirst glücklich sein."

„Nein, nein, nein, gib mir mein Geld, mein Geld, mein Geld!"

Verstehen Sie jetzt?

Allmählich kommen Sie dahinter. Die Menschen wollen nicht glücklich sein. Sie wollen nicht leben, sondern Geld haben. Der Rikschafahrer Ramchandra lebte wie ein König. Entwicklungshilfe ist eine gute Sache, aber er brauchte sie nicht. Jedenfalls nicht zum Leben. Er brauchte fremde Hilfe, um es etwas bequemer zu haben. Vielleicht auch für seine Gesundheit. Aber nicht zum Leben. Er hätte sie gebraucht, um etwas länger zu leben. Aber ist das Leben?

Ramchandra war lebendig. Ich war tot. Er wusste, was Leben bedeutet. Er war glücklich. Er war wie die Vögel des Himmels und die Lilien auf dem Felde. Er war eine Inkarnation der Bergpredigt. Da stand nämlich alles geschrieben, in der Bergpredigt, stellte ich später fest. Es ist alles schon da, ich hatte es nur nicht bemerkt. Ramchandra lebte wie ein König. Was heißt das, wie ein König leben? Wissen Sie, was Idioten darüber denken? Und die Welt ist voll von Idioten, das können Sie mir glauben. Wissen Sie, was die darüber denken? Sie denken, wie ein König leben heißt: in dicken Autos herumfahren, jeder verbeugt sich vor ihnen und klatscht ihnen Applaus, ihr Name in den Schlagzeilen – dieser ganze Blödsinn, dieser Müll. Sie glauben, wenn es so weit ist, dann haben sie Macht über andere Menschen. Und das heißt dann leben wie ein König.

Ich sage Ihnen, was ich davon halte. Diese Leute leben nicht wie Könige, sie sind Sklaven. Ihre Angst ist riesengroß. Blicken Sie ihnen doch einmal ins Gesicht. Du lieber Himmel! Schauen Sie diese Könige und Königinnen und Präsidenten und so weiter im Fernsehen an. Sie sehen es sofort, die haben Angst! Und wissen Sie, warum sie Angst haben? Weil sie Macht wollen, Prestige, Ansehen. So jemand lebt doch nicht wie ein König!

Glück kann man nicht gewinnen – Sie haben es schon!

Ich sage Ihnen, was es bedeutet, wie ein König zu leben. Es bedeutet, überhaupt keine Angst zu haben. Keine inneren Konflikte. Keine Anspannung, keinen Druck, keine Sorgen, keinen Kummer. Und was bleibt? Unverdünntes, reines Glück. Manchmal fragen die Leute: „Was muss ich tun, um glücklich zu sein?“ Gar nichts, ihr Dummköpfe! Wenn Sie glauben, dass Sie etwas tun müssen, um glücklich zu sein, dann zeigt das nur, wie schlecht Ihre theologische Ausbildung war. Sie müssen überhaupt nichts tun, um glücklich zu sein. Glück kann man nicht erwerben. Und wissen Sie, warum? Weil Sie es schon haben. Sie haben es schon längst. Aber Sie blockieren es die ganze Zeit mit Ihrer eigenen Dummheit. Sie halten es zurück. Hören Sie damit auf, und es ist da. Wenn ich Ihnen zeigen könnte, wie Sie Ihre inneren Konflikte, Ihre Ängste und Anspannungen, Ihren Druck, Ihre Leere, Einsamkeit, Verzweiflung, Niedergeschlagenheit, Ihren Kummer loswerden können – wenn Sie das alles loswerden würden, was bliebe dann? Reines, unverdünntes Glück hätten Sie dann.

Die Chinesen sagen das sehr schön: Wenn das Auge nicht versperrt ist, dann ist das Ergebnis Sehen. Sie müssen nichts tun, um zu sehen. Wenn das Auge nicht versperrt ist, dann sehen Sie. Wenn das Ohr nicht versperrt ist, dann hören Sie. Wenn der Mund nicht versperrt ist, dann schmecken Sie. Wenn der Geist nicht versperrt ist, dann erkennt er die Wahrheit. Und wenn das Herz nicht versperrt ist, dann ist das Ergebnis Freude und Liebe. Sie haben das alles, aber es ist versperrt, blockiert. Lassen Sie los!

Das wäre also der zweite große Schritt: Erkennen Sie, dass Sie nicht aus dem Chaos raus wollen. Sie wollen es bequem haben. Sie wollen Ihre kleinen Besitztümer. Sie wollen die kleinen Dinge, von denen die Gesellschaft fälschlicherweise behauptet, sie seien nötig, um glücklich zu sein. Die wollen Sie, aus dem Chaos raus wollen Sie nicht. Und auf diese Weise entsteht das Chaos erst.

Ich gebe Ihnen etwas zum Nachdenken: Ist Ihnen jemals der Gedanke gekommen, dass das, was Sie Ihr Glück nennen, in Wirklichkeit Ihre Fessel ist? Wenn Sie zum Beispiel einen anderen Menschen „mein Glück" nennen? Oder „meine Freude"? Das kann Ihre Ehe sein, Ihre Firma, Ihr Hochschulabschluss, was auch immer. Worin oder in wem finden Sie Ihr Glück? Wie auch immer die Antwort lauten mag: Das ist Ihr Gefängnis. Ich weiß schon, das ist starker Tobak. Aber denken Sie daran, was Sie mit meinen Worten tun sollen: schneiden, kratzen, schmelzen.

Eine falsche Programmierung

Die dritte Wahrheit kommt jetzt: *Ihr Leben ist ein Chaos, weil Sie die falschen Ideen haben.* Nicht weil irgendetwas mit Ihnen nicht stimmt. Sie sind okay, ich bin okay, wir alle sind okay. Wir sind großartig, es ist nicht so, als stimmte etwas mit uns nicht. Aber man hat uns falsche Ideen in den Kopf gesetzt. Irgendjemand hat das getan. Wir müssen nicht allzu viel Zeit damit zubringen, den Übeltäter zu fangen, aber die falschen Ideen sind da.

Verstehen Sie, wenn Ihnen jemand eine Stereoanlage schenkt, dann gibt es normalerweise eine Bedienungsanleitung dazu. Aber als wir das Geschenk des Lebens bekommen haben, war keine Bedienungsanleitung dabei. Oder anders gesagt: Die Bedienungsanleitung, die man uns gegeben hat, war voller Fehler. Und deshalb hören Sie jetzt keine Musik, sondern kratzige Geräusche. Sie haben Sorgen, Konflikte, Einsamkeit, Leere. In der Bibel steht es anders, aber nur wenige Leute lesen sie – sie meinen, dass sie sie lesen, aber sie übersehen die Pointe. Ich habe sie auch übersehen; vielleicht bin ich ein außerordentlich großer Idiot. Aber nach einer Weile habe ich bemerkt, wie viel Gesellschaft ich habe. Lauter Leute, die die Pointe verpasst haben. Sie haben es nicht begriffen.

Begehren ist die Wurzel des Leidens

Wie sieht die Pointe aus? Man kann die Formel auf viele verschiedene Arten ausdrücken. Ich werde Ihnen die einfachste sagen, die ich finden konnte, in den Worten des alten Buddha. Warum ich gerade ihn ausgesucht habe? Weil seine Worte so einfach sind. Aber Sie finden die Formel auch anderswo. Sie ist sonnenklar. Vielleicht stimmen Sie ihr nicht zu, aber die Pointe verpassen können Sie nicht.

Hier kommt sie: *Die Welt ist voller Leid. Die Wurzel des Leids ist das Begehren. Ein Leben ohne Begehren ist ein Leben ohne Leid.* Oh, jetzt stelle ich mir Ihre Gesichter vor. Wunderbar! Sie denken: „Das ist ja großartig!", und gleich darauf denken Sie: „Ganz falsch. Das ist ja schrecklich!" Ich habe früher genauso reagiert. Die Welt ist angefüllt mit großem Leid. Richtig. Zugestanden. Die Wurzel des Leids ist das Begehren. Ja, gut. Was schließen Sie also daraus? Ein Leben ohne Begehren ist ein Leben ohne Leid. Ja, soll ich mich jetzt in ein Gemüse verwandeln?! Wie soll ich denn leben ohne Begehren?

Ich versuche es mit einer besseren Übersetzung. Denn ich glaube nicht, dass Buddha so albern und dumm war, uns vorzuschlagen, wir sollten überhaupt nichts mehr begehren. Um Himmels willen! Ich würde nicht sprechen, wenn ich kein Begehren dazu hätte. Sie wären nicht hier, wenn Sie nicht das Begehren hätten, zu kommen und mir zuzuhören. Also eine bessere Übersetzung:

Die Welt ist voller Leid. Die Wurzel des Leids ist das Anhängen, das Anhaften. Wer das Leid abschaffen will, muss das Anhängen und Anhaften abschaffen. Es gibt ein Begehren, von dessen Erfüllung mein Glück nicht abhängig ist. Tatsächlich gibt es jede Menge Begehrlichkeiten, von denen Ihr Glück nicht abhängt. Sonst würden Sie die Wände hochlaufen und zu reinen Nervenbündeln werden. Wir alle haben zwei Arten von Begehren. Zum einen begehren wir alle möglichen Dinge, und wenn wir sie bekommen, freuen wir uns, und wenn nicht, ist es auch in Ordnung. Schade, aber okay. Wir sind nicht unglücklich. Zum andern gibt es aber Dinge, die wir uns ersehnen, gütiger Himmel, wenn wir die nicht bekommen, dann stürzen wir ins Elend. Das meine ich mit Anhaftung.

Was glauben Sie, woher all die Konflikte kommen? Von Anhaftungen. Woher kommt die Gier? Von Anhaftungen. Die Einsamkeit? Anhaftungen. Die Leere? Genau – Anhaftungen. Ängste werden durch Anhaftungen ausgelöst. Keine Anhaftung, keine Angst. Schon mal darüber nachgedacht? Keine Anhaftung, keine Angst.

„Wir bringen dich um."

„Nur zu. Ich hänge nicht am Leben. Ich bin glücklich zu leben, aber ich gebe es auch gern her."

Halten Sie das für möglich? Es gibt Menschen, die diesen Punkt erreichen, also muss es wohl möglich sein. Sie wollen selbst dahin kommen? Hm – Anhaftungen.

Erinnern Sie sich an das Gespräch des Priesters mit dem Aidskranken in St. Louis: „Tut mir leid, Sie haben Aids. Sie haben nur noch sechs Monate zu leben." – „Was heißt hier nur noch? Das ist eine Menge Lebenszeit, ist doch wunderbar!" Unglaublich, dieser Kerl hatte keine Anhaftungen.

Ein anderes Beispiel. Sie gehen in ein Restaurant und denken sich, heute könnte ich eine Suppe essen. „Was für Suppen haben Sie? Haben Sie Tomatensuppe?"

„Nein, tut mir leid, mein Herr, keine Tomatensuppe."

„Keine Tomatensuppe? Ja, um Himmels willen! Ich meine, was für ein Restaurant ist das denn hier? Kommt, Leute, wir gehen woanders hin." Verstehen Sie? Wenn Sie keine Tomatensuppe bekommen, dann ist das kein Abendessen für Sie. Anhaftung.

Und so sieht das Ganze aus, wenn es für Sie keine Anhaftung gibt:

„Was für Suppen haben Sie? Tomatensuppe?"

„Nein, keine Tomatensuppe."

„Was haben Sie denn stattdessen?"

„Wir haben Maiscremesuppe, Champignonsuppe, Hühnerbrühe oder ..."

„Klingt doch gut, die mag ich alle. Wie wäre es mit einer Champignonsuppe?"

Ich bestehle den alten Buddha noch einmal und gebe Ihnen ein anderes Beispiel: Wenn Sie den Duft von tausend Blumen genießen, werden Sie unter dem Fehlen einer einzelnen Blume nicht allzu sehr leiden. Hat Ihnen das in Ihrer Kultur schon mal jemand gesagt? Nein? Mir auch nicht. Wenn Sie den Geschmack von tausend Gerichten genießen, werden Sie das Fehlen eines einzelnen Gerichts nicht allzu sehr bedauern. Erinnern Sie sich, so erzogen worden zu sein, dass Sie den Geschmack von tausend Gerichten genießen und sich um nichts Sorgen machen? Nein? Sehen Sie, das haben wir verpasst.

So werden wir von Ihrer und meiner Kultur trainiert. Wir bekommen die falsche Bedienungsanleitung. Diesen Trainern ist es vollkommen gleichgültig, ob wir glücklich sind, Sie und ich. Sie wollen, dass wir etwas erreichen, dass wir etwas leisten, selbst wenn wir dabei elende, unglückliche Sklaven sind.

Weisen Sie jemanden nach dem Verlust eines Freundes darauf hin: „Aber du hast doch noch diesen Freund und jenen ..." Er wird Ihnen antworten: „Nein, nein. Ich will diesen einzigen, persönlichen, einzigartigen, unersetzlichen Freund. Und wenn er mich zurückweist, dann bin ich den Rest meines Lebens unglücklich." Wer so denkt, dem wird man das Singen nicht beibringen, viel zu riskant.

Aber so sind wir erzogen worden. So geht es seit Tausenden von Jahren. Wir sollen Sehnsüchte haben, auf deren Erfüllung unser gesamtes Lebensglück basiert. Das ist natürlich sehr günstig für den sogenannten Fortschritt, weil wir alles, was wir haben, in dieses Unternehmen hineinstecken. Ich spreche vom „sogenannten" Fortschritt, weil es für mich kein Fortschritt ist.

„Sie meinen, es ist kein Fortschritt, wenn wir Großraumflugzeuge und Weltraumshuttles haben?"

Sehr schlau. Ich sage Ihnen, was Fortschritt ist: Herzensfortschritt. Fortschritt in der Liebe. Im Glück. „Haben Sie etwas davon?"

„Oh, tut mir leid, das haben wir nicht im Angebot."

Den Rest können Sie behalten, was soll ich denn damit? Sagen Sie mir, warum ich in einem Flugzeug herumfliegen sollte, wenn ich ein leeres, elendes Herz mit mir herumtrage? Sagen Sie's mir! Lieber wohne ich ganz unten irgendwo im Dschungel und bin glücklich und tanze den ganzen Tag. Sie nicht? Nein, vielleicht nicht, woher soll ich das wissen.

Anhaftung ist der Feind der Liebe

Sie sehen jetzt vielleicht schon, dass es tatsächlich um eine Entscheidung zwischen Leben und Tod geht. Was die Leute Leben nennen, ist oft der Tod, auch wenn sie es nicht wissen. Und wollen Sie mir erzählen, Sie könnten lieben, wenn Sie Anhaftungen haben? Der größte Feind der Liebe ist die Anhaftung, Begehren im Sinne von Anhaftung. Wissen Sie, warum? Weil ich besitzen will, was ich begehre. Wenn ich einen Menschen begehre, will ich ihn besitzen. Ich kann ihn nicht freilassen. Ich muss ihn haben. Wenn ich ihn auf diese Weise begehre, dann muss ich ihn manipulieren, damit ich ihn bekomme.

Ich werde auch mich selbst manipulieren, damit ich attraktiv genug werde und ihn bekomme. Können Sie mir folgen? Ist das klar genug? In der vollkommenen Liebe gibt es keine Furcht. Und wissen Sie, warum? Weil es kein Begehren gibt.

Und jetzt befragen Sie einmal Ihre Kultur; ich habe meine befragt. Befragen Sie Ihre Kultur, ob Sie sich auf diesen Satz einen Reim machen kann: *Wo es Liebe gibt, da gibt es kein Begehren.* Begehren im Sinne einer Anhaftung, wohlgemerkt. Wissen Sie, was man Ihnen sagen wird? „Aber Anhaftung ist doch das Gleiche wie Liebe." So dumm! Und da wollen Sie Leben finden? Tod und Elend finden Sie da, das ist alles.

So einfach und so außergewöhnlich ist das mit der Liebe. Ich treffe alle Arten von Menschen, religiöse und nichtreligiöse, Atheisten und alle möglichen anderen, auch Katholiken, Laien, Priester, Ordensfrauen, Bischöfe. Und ganz selten einmal treffe ich jemanden, der weiß, was Liebe ist. Sie haben alle die falsche Bedienungsanleitung.

Anhaftung heißt: „Ich muss dich haben." Es heißt: „Ohne dich werde ich nicht glücklich. Wenn ich dich nicht habe, dann werde ich nicht glücklich sein. Ich kann nicht glücklich sein ohne dich." Und da haben wir dann auch schon die Formel für Ehescheidungen. Für Streit. Für Freundschaften, die auseinandergehen. „Ich kann ohne dich nicht glücklich sein. Ich brauche dich für mein Glück. Verdammt noch mal, ich werde alles tun, um dich so zu manipulieren, dass ich dich kriege."

Liebe aber heißt: „Ich bin absolut glücklich ohne dich, mein Schatz, es ist alles in Ordnung." Liebe heißt: „Ich wünsche dir nur Gutes und lasse dich frei. Wenn ich dich bei mir habe, freue ich mich, und wenn nicht, dann bin ich nicht unglücklich." Tja, was soll ich sagen? „Ich habe gelernt, mir selbst zu genügen. Ich stehe auf meinen zwei Füßen und lehne mich nicht bei dir an. Und wenn ich Geld bekomme, dann ist das schön, und wenn ich keins bekomme, dann bin ich nicht niedergeschlagen. Ich bin glücklich. Und weißt du noch was? Wenn du weggehst, werde ich dich" – vielleicht sollte ich das jetzt noch nicht sagen, aber egal, ich riskiere es – „nicht vermissen. Ich werde keinen Schmerz empfinden." Wo der Kummer wohnt, ist keine Liebe. Um wen trauerst du, wenn du trauerst? Um welchen Verlust? Das ist Selbstmitleid.

Oh, nennen Sie es bitte nicht so. Jetzt sagen Sie die Wahrheit.

Die Formel

Hier kommt eine geheime Formel für Sie. *Wenn Sie nicht so eifrig damit beschäftigt wären, sich unglücklich zu machen, dann wären Sie glücklich.* Verstehen Sie, wir sind glücklich geboren. Unser gesamtes Leben ist durchzogen von Glück. Oh, natürlich gibt es Schmerz. Aber wer hat Ihnen denn erzählt, man könne nur glücklich sein ohne Schmerz? Kommen Sie mal mit und besuchen Sie mit mir eine Freundin, die Krebs im Endstadium hat. Sie ist auch unter Schmerzen glücklich.

Wir sind glücklich geboren – und wir haben es verloren. Wir sind mit dem Geschenk des Lebens geboren und haben es verloren. Und jetzt müssen wir es wiederentdecken. Warum haben wir es verloren? Weil wir so eifrig daran gearbeitet haben. Man hat uns beigebracht, eifrig an unserem eigenen Unglück zu arbeiten. Aber wie hat man uns das beigebracht? Indem man uns die Anhaftung beigebracht hat. Indem man uns beigebracht hat, so intensiv zu begehren, dass wir lieber unser Glück aufgeben als die Erfüllung unseres Begehrens.

Die Tragödie daran ist, dass Sie sich einfach nur zwei Minuten hinsetzen und ein bisschen zuschauen müssen, um zu sehen, wie unwahr diese Behauptung ist – dass Sie ohne A, B, X oder Y unglücklich wären. Aber Sie setzen sich nicht hin. Denn wenn Sie sich hinsetzen würden, dann könnten Sie es ja erkennen. Und Sie wollen sich nicht hinsetzen und schauen. Ich weiß das, denn ich wollte es auch nicht. Ich habe mich jahrelang geweigert.

„Du meinst, ich werde *nicht* unglücklich, wenn ich Mary Jane (oder John) nicht bekomme? He, warte mal, wenn ich recht darüber nachdenke, dann stimmt das! Bevor ich sie/ihn getroffen habe, war ich glücklich. Und weiß du was? Ich war schon mal verliebt und habe sie/ihn verloren, und mir brach fast das Herz, aber was ist passiert? Inzwischen geht es mir wieder gut. Also war doch nicht mein Glück davon abhängig."

Denken Sie an Dinge, die Sie in Ihrer Kindheit unbedingt haben wollten. Da haben Sie auch gedacht: „Ich kann ohne diese Sache nicht glücklich sein." Und was ist geschehen? Wenn ich es Ihnen heute schenken würde, dann würden Sie es nicht mal richtig anschauen.

Falsche Glaubenssätze und Illusionen

Warum lernen wir nichts? Weil wir mit Illusionen leben müssen. Sie fühlen sich gut an, sie geben uns einen Kick, oder nicht? Mir jedenfalls schon. Und den Kick wollen wir haben, nicht das Glück. Wir wollen diesen besonderen Nervenkitzel. Und der ist immer mit der Angst verbunden, er könnte verloren gehen oder gar nicht erst eintreffen. Und dann sind Sie niedergeschlagen und haben einen Kater.

So einfach ist das. Ich habe Ihnen ja gesagt, ich brauche zwei Minuten, um es zu erklären. Ob Sie es allerdings hören, steht auf einem anderen Blatt, denn das hängt von Ihrem eigenen Herzen ab. Also: Die Welt ist angefüllt mit Leid. Die Wurzel des Leids ist die Anhaftung/das Begehren. Wer die Anhaftung loslässt, der schafft das Leiden aus der Welt. Aber wie lässt man die Anhaftung los? Sie schauen sie an und stellen fest, dass sie auf falschen Glaubenssätzen beruht – auf dem Glauben, dass ich ohne das Begehrte nicht glücklich sein kann. Und dieser Glaube ist falsch.

In dem Augenblick, in dem Sie sehen, dass er falsch ist, sind Sie frei. Viel Glück! Es kann eine Minute dauern oder fünfundzwanzig Jahre. Aber an dem Tag, an dem Sie es sehen, sind Sie frei. Frei wie ein Vogel. Sie werden Seminare halten und sich mit Präsidenten treffen. Sie werden dem Papst Guten Tag sagen. Und es wird Sie überhaupt nicht anfechten. Sie sind frei, vollkommen frei. Sie werden sich selbst zum Affen machen, und es wird Sie nicht kümmern. Sie werden sich nicht mehr darum kümmern, irgendjemanden zu beeindrucken.

Wissen Sie, was es bedeutet, wenn Sie sich nicht mehr darum kümmern; wenn es Ihnen vollkommen egal ist, was andere über Sie denken und sagen? Wissen Sie, was das bedeutet? Ja, das ist die Freiheit! Es kümmert Sie nicht mehr, ob jemand mit Ihnen einverstanden ist oder nicht. Es ist in Ordnung. Sie sind glücklich. Sind Sie nicht? Okay, machen Sie einfach weiter. Sie sind glücklich, und zwar, weil Sie festgestellt haben, dass Ihr Glück nicht auf diesen Dingen beruht. Das müssen Sie aber selbst herausfinden. Es nützt nichts, ein Buch zu lesen oder mir zuzuhören; Sie müssen es selbst sehen. Und Sie werden es natürlich niemals sehen, solange Sie mit der falschen Formel arbeiten, verstehen Sie? Deshalb habe ich Ihnen die richtige gegeben.

Fragen an Anthony de Mello:
Ist das Loslassen von Anhaftungen gleichbedeutend mit einer Trennung von der materiellen Welt?

Nein. Man nutzt die materielle Welt, man genießt sie, aber man macht das eigene Glück nicht von ihr abhängig. Ich sage lediglich: Sie fangen erst richtig an, die Dinge zu genießen, wenn Sie die Anhaftung loslassen, denn die Anhaftung bringt immer Angst mit sich. Wenn Sie ängstlich an etwas festhalten, können Sie es kaum genießen. Was ich Ihnen anbiete, ist also kein Rückzug vom Genießen, sondern ein Rückzug vom Besitzanspruch, von der Angst und Anspannung. Und von der Niedergeschlagenheit, wenn Sie etwas verlieren.

Man hat uns als Christen beigebracht, uns mit dem Leiden Christi zu identifizieren. Können wir das noch tun, wenn wir immer glücklich sind?

Ja, wir haben gelernt, uns mit dem Leiden Christi zu identifizieren. Wie passt das zu meinen Aussagen über das Glück? Das muss ich ein bisschen klarer formulieren. Vielleicht am besten in Form einer Geschichte.

In der Haltung liegt der Unterschied

Es war einmal ein großer Zen-Meister, von dem man sagte, er habe die Erleuchtung erlangt. Eines Tages sagten seine Schüler zu ihm: „Meister, was hat die Erleuchtung dir gebracht?" Und er antwortete: „Nun, ich will euch dazu Folgendes sagen: Vor meiner Erleuchtung war ich niedergeschlagen. Nach der Erleuchtung war ich immer noch niedergeschlagen."

Rätselhaft, oder? Die Niedergeschlagenheit hat sich nicht verändert, nur seine Haltung dazu. Er sagt nicht mehr: „Ich werde erst glücklich sein, wenn die Niedergeschlagenheit weggeht." Denn so seltsam es klingen mag, man kann sehr wohl heiter, gelassen und glücklich sein, auch wenn man deprimiert ist. Man kämpft nicht dagegen, man macht sich keine Sorgen, man regt sich nicht auf. Man ist gelassen. Das ist der Unterschied.

Wenn Glück nicht gleichbedeutend mit Anhaftung ist, wie definiert man dann Glück mit positiven Begriffen?

Glück lässt sich nicht definieren – zumindest habe ich keine Definition gefunden. Tatsächlich haben Sie keine Ahnung, was Glück ist, solange Sie die Anhaftung nicht loslassen, also kann man es nur so definieren: Loslassen von Illusionen und Anhaftungen. Wenn das Unglück, das aus der Anhaftung entsteht, losgelassen wird, dann kommt das Glück zum Vorschein.

Natürlich könnte man Begriffe wie *Frieden – Gelassenheit – Über den Dingen stehen – Jeden Augenblick genießen, wie er ist – Leben in der Gegenwart* benutzen. Aber das sind nur Worte. Sie wissen nicht, was Sehen ist, solange das Auge versperrt ist. Sie wissen nicht, was Glück ist, solange anhaftendes Begehren nicht losgelassen wird. Wenn Sie es loslassen, dann wissen Sie es. Und wenn Sie es wissen, brauchen Sie keine Worte mehr dafür.

Wenn Christus für uns ein Beispiel an Unabhängigkeit und Glück ist, wie identifizieren wir uns dann mit seiner Einsamkeit im Garten, mit seinem Zorn im Tempel und mit seiner Verlassenheit am Kreuz?

Selbst Christus hat offenbar Phasen der Einsamkeit, des Zorns, der Verlassenheit am Kreuz und so weiter durchgemacht. Sind diese Zustände vereinbar mit dem Glück? Ist es möglich, dass man aufgrund der eigenen Programmierung, der Kultur oder einfach der seelischen und körperlichen Disposition alle Arten des Leidens durchmacht und trotzdem irgendwie darüber steht? Ja? Nein? Was glauben Sie?

Vor der Erleuchtung, würde unser Zen-Meister sagen, war ich einsam. Nach der Erleuchtung bin ich immer noch einsam, aber die Einsamkeit hat sich verändert. Wir Christen lehren seit je, dass Jesus ein Mensch wie jeder andere war, mit menschlichen Eigenschaften. Und wie jeder andere Mensch war er all dem Genannten unterworfen. Kann man irgendwann darüber hinauswachsen? Einige von uns tun das, andere nicht. Jesus könnte darüber hinausgewachsen sein, vielleicht aber auch nicht; man weiß so wenig darüber. Klar ist, dass man einen Zustand der Gelassenheit und sogar des Glücks erreichen kann, auch wenn diese Wolken vorüberziehen. Bedenken Sie einmal das folgende Beispiel: Sie haben Wolken und Sie haben den Himmel. Viele fernöstliche Meister würden sagen, dass Erleuchtung, *bevor* sie sehen konnten, für sie bedeutete, sich mit den Wolken zu identifizieren. Nach der Erleuchtung identifizierten sie sich mit dem Himmel.

Sie haben einiges über die Erfahrung von Leid und Niedergeschlagenheit gesagt und darüber, dass man trotzdem davon unabhängig sein kann. Ich versuche das zu verstehen, aber für mich klingt es wie ein Widerspruch, dass man gleichzeitig glück-

lich und niedergeschlagen sein kann. Denn Niedergeschlagenheit, so habe ich gelernt, ist doch die Abwesenheit von Zufriedenheit und Glück. Könnten Sie das ein bisschen mehr erklären?

Eine gute Frage: Sind Niedergeschlagenheit und Glück nicht zwei entgegengesetzte Zustände? Ja und nein. Wenn Glück für Sie Spannung, Spaß, Vergnügen bedeutet, ja, dann ist es ein Widerspruch. Aber Spannung, Spaß und Vergnügen sind nicht gleichbedeutend mit dem Glück. Was sind sie dann? Sie sind Spannung, Spaß und Vergnügen. Sie sind nicht Glück. Glück ist ein Zustand des Nicht-Anhaftens.

Jahrelang habe ich mir nicht einmal vorstellen können, dass es so etwas gäbe. Glücklich sein bedeutete für mich, Spaß zu haben. Glücklich sein bedeutete gewinnen, bekommen, was ich haben wollte. Das verstehen die Menschen normalerweise unter Glück. Die meisten Kulturen begreifen Glück so: Wenn Sie bekommen, was Sie sich wünschen, dann sind Sie glücklich. Sie wissen schon: „Super, ich hab bekommen, was ich wollte, jetzt bin ich glücklich." Aber das ist kein Glück. Das ist der Kick. Das ist „Bekommen, was du haben willst".

Niedergeschlagenheit hat oft – wenn auch nicht immer – damit zu tun, dass Sie nicht erhalten, was Sie wollen. Also das Gegenteil. Wenn es Ihnen um den Kick geht, dann sind Sie niedergeschlagen. Das andere Ende des Pendelschlags. Ja, darüber werden Sie ziemlich viel nachdenken müssen. Der Kick löst eigentlich die Niedergeschlagenheit aus. Echte Depressionen haben allerdings auch körperliche Gründe. Ich spreche hier aber nicht von Glück in der Bedeutung Kick, Spannung, Spaß, Vergnügen. Ich spreche von dem Glück, über den Dingen zu stehen. Von der Gelassenheit. Von der Unabhängigkeit gegenüber allem Kommen und Gehen.

Und noch etwas würde ich gern hinzufügen: Je mehr Sie gegen die Niedergeschlagenheit ankämpfen, desto schlimmer wird sie. Leisten Sie dem Bösen keinen Widerstand. Wenn Sie jemand auf eine Wange schlägt, drehen Sie sich um und bieten Sie ihm die andere dar. Wenn Sie einen Teufel austreiben, kommen sieben neue zum Vorschein. Mit solchen Sachen kommt man nicht zurecht, indem man sie bekämpft. Denn je mehr man kämpft, desto mehr Macht gibt man ihnen.

Bewahre dein Herz an den Lotusfüßen des Herrn

Meine Frage zielt in eine ganz andere Richtung als die vorhergehenden. Angenommen, ich hafte an meiner Erfahrung als gläubige Katholikin, Frau, Bürgerin der Vereinigten Staaten und Mensch, der in der Zeit nach dem Zweiten Vatikanischen Konzil erzogen wurde. Weiterhin angenommen, ich wäre auch beeinflusst von meiner Erfahrung der Veränderungen und des Wandels der vergangenen Jahrzehnte. Ihre Aufforderung, die Worte zu untersuchen so wie Goldschmiede Gold untersuchen, indem sie schneiden, kratzen, reiben und schmelzen – was bedeutet diese Metapher für mich in meiner Situationen. Können Sie das Bild auf die derzeitige Situation der katholischen Kirche [in den Vereinigten Staaten] anwenden?

Ich will das ganz eindeutig sagen: Ich glaube, die Kirche in den Vereinigten Staaten steht auf einer Reihe von Feldern an der Spitze des Fortschritts. Sie bietet dem Rest der Welt ihre Führung an, vor allem wenn es um die Rechte der Frauen geht. Und ich glaube, die Kirche wird in ein paar Jahrhunderten dankbar dafür sein.

Natürlich handelt man sich damit Schwierigkeiten ein. Immer, wenn Wandel ansteht, entstehen Konflikte, weil die Menschen Veränderung hassen. Sie wollen keine Veränderungen; sie wollen Fortschritt ohne Veränderung. Also spüren sie selbstverständlich die Geburtswehen und Zahnungsschmerzen der Kirche, aber lassen Sie mich noch eins dazu sagen: Es gibt in den heiligen Schriften der Hindus, in der *Bhagavad Gita,* eine wunderschöne Stelle, wo Gott Krishna mit Arjuna spricht, sozusagen mit der Hauptperson des Buches. Wie einige von Ihnen vielleicht wissen, spielt die Szene auf einem Schlachtfeld, und der junge Fürst sagt: „Warum muss ich in den Kampf ziehen?" Und Gott Krishna gibt ihm die schöne Antwort: „Wirf dich mitten in die Schlacht und bewahre dein Herz an den Lotusfüßen des Herrn."

Das ist die Formel. *Wirf dich in den Lärm der Schlacht und bewahre dein Herz an den Lotusfüßen des Herrn.* Im Frieden also. Ist es denn möglich, sich in die Schlacht zu stürzen, einen guten Kampf auszufechten und trotzdem im Frieden zu bleiben? Natürlich ist das möglich. Alle großen Mystiker haben das erreicht. Denn wenn Sie nicht im Frieden sind, glauben Sie mir, dann richten Sie viel mehr Schaden als Nutzen an. Und wissen Sie, warum? Weil Sie nicht den Kampf des Herrn ausfechten, sondern den des Egos.

Im Zusammenhang mit der wahren Freiheit haben Sie gesagt, man solle sich nicht darum kümmern, ob andere einverstanden sind oder nicht. Wenn Sie nicht einverstanden sind, sagen Sie: „Was soll's, ich bin glücklich." Ich habe Schwierigkeiten damit, es klingt für mich irgendwie egoistisch. Ich denke, man braucht auch Freiheit dafür, Dinge für andere zu tun, nicht unbedingt im Sinne der Zustimmung, sondern einfach, um zu geben.

Vielleicht habe ich das nicht klar genug ausgedrückt. Ich sage nicht, wir sollen uns nicht um andere Menschen kümmern. Meine Haltung ist: Wir kümmern uns gut um andere. Wir achten sehr einfühlsam auf sie. Aber wir lassen uns von ihrer Zustimmung oder ihrer Missbilligung nicht kontrollieren.

Sie achten also sehr einfühlsam auf andere Menschen und geben ihnen, was Ihrer Meinung nach gut für sie ist, aber Sie lassen sich nicht von ihnen kontrollieren. Mit anderen Worten: Ich werde mich nicht von dem abbringen lassen, was ich für gut halte, nur weil du mir widersprichst. Und ich werde nichts tun, was ich für falsch halte, nur damit du mit mir einverstanden bist. Ich lasse mich nicht kontrollieren. Nur dann kann wahre Liebe entstehen.

Religion und Mystik

Warum steht die Religion dem Glück des Menschen so oft im Wege?

Ich würde nicht sagen, dass die Religion den Menschen immer im Weg steht. Sie ist nur immer in Gefahr, ihre mystische Qualität zu verlieren. Wollen Sie Politik sehen? Dann müssen Sie in die Religion schauen. Schmutzige Grabenkämpfe? Die finden Sie in der Religion. Sie wollen die Kreuzigung eines Messias' sehen? Na, was glauben Sie wohl, wo es so etwas gibt? In der Religion.

Es ist eine traurige Ironie, und man findet sie ganz einfach im Neuen Testament. Was einen im Neuen Testament in Schrecken versetzt, ist ja, dass es gerade den religiösen Menschen vorbehalten war, den Messias zu kreuzigen. Nicht den Römern, nicht den Kolonialisten, nicht den multinationalen Konzernen, nicht dem Imperialisten, nicht den Blutsaugern und Finanzhaien, sondern der Religion. Das ist das Erschreckende am Neuen Testament.

Religion ist tatsächlich immer in dieser Gefahr. Aber sie bewahrt auch das mystische Element. Ich glaube, es wäre zu einseitig, wenn wir das leugnen würden. Um Himmels willen, hätte ich gesehen, was ich in all diesen Jahren gesehen habe, wenn ich kein Jesuit wäre? Natürlich hat Organisation auch eine Menge Nachteile, riesige Nachteile, ich kann das durchaus erkennen. Aber manchmal denke ich, es ist wie bei unserem Bild von unserer Mutter.

Mütter haben ihre guten und schlechten Seiten. Aber wir lieben sie trotzdem. Manchmal hören wir nicht allzu sehr auf sie, weil sie zu einer anderen Zeit gehören. Aber manchmal nehmen wir etwas von ihrer großen Weisheit an und lernen einzuschätzen, was gut und was schlecht ist, und wir lieben sie einfach so, wie sie sind. Ich sehe also, wie wichtig es für religiöse Menschen wie uns ist, stets wachsam zu sein und darauf zu achten, dass die Religion der Wahrheit und der Mystik nicht im Wege steht und mit Gottes Hilfe etwas von ihrer Schönheit und ursprünglichen Güte behält.

Sollen wir aufhören, zu hoffen, zu träumen, zu trauern?

Erstens: Bedeutet Nicht-Anhaftung, dass wir nicht an den sehr menschlichen und schöpferischen Errungenschaften des Hoffens und Träumens teilhaben? Zweitens: Wie sollten wir Ihrer Meinung nach mit Gefühlen des Verlusts und der Trauer und anderem Negativen umgehen, die Teil unseres menschlichen Erlebens sind?

Sollen wir uns von den menschlichen Errungenschaften zurückziehen, wenn wir keine Anhaftungen mehr haben wollen? Nein. Stürz dich in den Lärm der Schlacht, heißt es. Und wissen Sie was: Wenn Sie keine Anhaftungen mehr haben, gewinnen Sie unglaublich viel Energie! Dann steht Ihnen ja sämtliche Energie zur Verfügung.

Der große chinesische Weise Tranxu drückt das ganz wunderbar aus: „Wenn der Bogenschütze ohne Zweck schießt, gehört ihm seine ganze Geschicklichkeit. Wenn er um den Preis einer Metallschnalle schießt, ist er schon nervös. Wenn er um einen goldenen Preis schießt, wird er blind und ist außer sich. Er sieht zwei Ziele. Seine Geschicklichkeit ist immer noch dieselbe, aber der Preis teilt ihn. Er beginnt, sich zu sorgen, und denkt mehr ans Gewinnen als ans Schießen. Und das Bedürfnis zu gewinnen kostet ihn Kraft." Ist das nicht großartig? Das Bedürfnis zu gewinnen nimmt uns die Kraft! Wenn wir nicht gewinnen müssen, haben wir viel mehr Energie.

Das heißt aber auch, niemand ist wunderbarer und kreativer an dem menschlichen Unternehmen der Träume, Visionen und Ziele beteiligt als ein Mensch, der die Anhaftung loslässt. Leider verbinden wir nur allzu oft Nicht-Anhaftung mit Unbeteiligtsein, mit Genussverzicht und Askese. Nein, all das ist überhaupt nicht gemeint. Sie werden das im weiteren Verlauf noch klarer sehen.

Die zweite Frage ist ein bisschen schwieriger. Soll ich Ihnen die Wahrheit sagen oder sie ein bisschen abmildern, was meinen Sie? Das müssen Sie entscheiden. Ein bisschen abmildern? Gut, dann sagen wir es so: Ich würde nicht trauern, wenn ich nicht anhaften würde. Ich würde nicht trauern, wenn es nicht um *meinen* Verlust ginge. Ich würde nicht trauern, wenn es nicht auf irgendeine Weise um *mein* Glück ginge. Wenn ich jedoch an dir ganz und gar Freude habe, dann liebe ich dich im Sinne von: „Ich fühle mit dir, ich kümmere mich, ich habe dein Bestes im Blick."

Aber ich lasse dich frei. Und du bist nicht mein Glück. Ich gebe dir nicht die Macht zu entscheiden, ob ich glücklich bin oder nicht. Dann trauere ich aber auch nicht über deine Abwesenheit oder Zurückweisung. Oder über deinen Tod. Das ist schwierig, und es kann sein, dass Sie viele Monate brauchen, um das zu verdauen. Aber Trauer ist etwas Wunderbares: Wenn sie langsam aus dem Organismus heraussickert, wird man wieder lebendig.

Das Chaos aufräumen

Ich denke, viele Leute glauben, dass die Welt ein Chaos ist, aber nicht ihr eigenes Leben. Sie wollen das Chaos in der Welt in Ordnung bringen, indem sie sich einer guten Sache verpflichten. Wie kann man zwischen Verpflichtung und Anhaftung unterscheiden, oder zwischen Verpflichtung und Unabhängigkeit?

Wir sprechen hier von zwei Dingen. Zum einen: Die Welt ist ein Chaos, ich bin ein Chaos. Versteck dich nicht hinter einem Friedenskomitee, das bringt gar nichts. Wenn in einem Friedenskomitee ein Wolfsrudel sitzt, gibt es keinen Frieden. Wenn sich tausend Wölfe für Gerechtigkeit einsetzen, gibt es keine Gerechtigkeit. Wir müssen uns mit der Welt beschäftigen. Aber dazu müssen wir auch uns selbst anschauen.

Zum andern: Wie verpflichtet man sich einer guten Sache? Genau auf diese Weise: Verpflichte dich von ganzem Herzen dem Lärm der Schlacht, aber steh trotzdem darüber. Wie jemand einmal so schön gesagt hat: „Wenn du Herzensruhe gewinnen willst, tritt zurück als Generaldirektor des Universums." Ich bin nicht der Generaldirektor, ich tue lediglich, was ich kann. Ich stürze mich hinein, und den Rest überlasse ich Gott, dem Leben, dem Schicksal.

Unabhängigkeit und Erfolg

Es scheint eine Spannung zu geben zwischen der Bewusstheit, einen Zustand der Nicht-Anhaftung erreicht zu haben, und der Wahrnehmung des Sogs dorthin, wo die Gesellschaft unsere Erfolgskriterien sieht. Wie kann man diese Spannung auflösen oder zumindest das Gefühl des Stolzes (auf den eigenen Erfolg), das sich in den Weg stellt, sobald man die Spannung spürt?

Ja, es ist wie ein Sog. Auf der einen Seite gibt es Glück, Frieden, heitere Gelassenheit, Sein – unerschütterliche Ruhe, ein Stehen über den Dingen. Auf der anderen Seite ist der Sog, den uns die Gesellschaft anerzogen hat, der Sog zum Erfolg. Wie löst man das auf? Man muss Erfolg neu definieren. Was ist Erfolg?

Das ist nicht so einfach zu sagen, wenn Sie zu sehr davon beeinflusst sind, was die anderen denken oder sagen. Ich würde es nicht Stolz nennen, sondern eine Art vollkommener Abhängigkeit des eigenen Wertes von den anderen. *Wenn du mich für wertvoll hältst, dann bin ich es. Wenn du mir einen Erfolg zuschreibst, dann ist es einer. Wenn nicht, dann nicht.* Woher kommt die Gnade, die uns ermächtigt, daraus auszubrechen?

Wenn ich einen Mann oder eine Frau treffe, die daraus ausgebrochen sind, denen zolle ich Beifall. Nicht den anderen, den großen Befehlshabern und Präsidenten. Das sind sehr niedrige Menschen, kein bisschen besser als der Durchschnitt. Lüstern, gierig, ängstlich, besorgt, ehrgeizig, habsüchtig, wie Marionetten vom Urteil und vom Gerede der anderen kontrolliert. So gefangen, so versklavt von ihrer eigenen Sehnsucht nach Macht und … ernsthaft, soll ich davor Respekt haben?

Aber dann begegne ich einem Mann wie Ramchandra, und er hat meine ganze Bewunderung. Ich höre von einem Menschen wie dem Aidskranken in St. Louis. Ich hatte zwar nicht die Ehre, diesem Mann tatsächlich zu begegnen, aber ich bewundere ihn. Wir bewundern immer wieder die falschen Dinge, auch im Blick auf unsere religiösen Institutionen. Die sagen:

„Du wirst deinen Weg machen.“ Und sie sind so unglaublich stolz, wenn aus einem ehemaligen Schüler „etwas wird“. Ist es das, was wir so hoch schätzen? Oder schätzen wir einen Menschen, der sich aus dem Griff der Gesellschaft befreit hat? Schätzen wir Reichtümer? Wenn du eine Million spendest, kriegst du einen Platz in der ersten Reihe. Wir unterliegen einer Gehirnwäsche, wir werden ständig von diesen Dingen bombardiert. Wir werden indoktriniert.

Drei Geschichten über die Mystik

Es gibt einen japanischen Meister namens Bokoju. Jedes Mal, wenn ich an seinen Namen denke, stelle ich mir einen pummeligen rundlichen Kerl vor, einen Bruder Leichtfuß. Bokoju. Von ihm heißt es, er habe jeden Morgen beim Aufwachen ein lautes, herzliches Lachen von sich gegeben, das durch die zweihundertfünfzig Zellen seines Klosters hallte. Alle konnten ihn hören. Alle wachten von diesem Lachen auf wie von einem Wecker. Ein großes, herzliches Lachen. Und er lachte ungefähr drei oder vier Minuten so weiter. Und bevor er abends zu Bett ging, lachte er noch einmal so laut und herzlich. Dann rollte er sich auf seiner Matte zusammen und schlief.

Seine Schüler waren sehr neugierig und wollten wissen, was ihren Meister zum Lachen brachte. Sie versuchten alles, damit er es ihnen erzählte. Aber das tat er nicht, und am Ende starb er, ohne es ihnen gesagt zu haben. Das ist das Ende der Geschichte. Viele Leute haben versucht herauszufinden, was ihn so sehr zum Lachen brachte. (Ich habe selbst einige Vermutungen dazu.)

Eine zweite Geschichte: In Indien lebte ein Mystiker namens Kabir. Kabir hat einige außergewöhnliche mystische Gedichte geschrieben, und eins davon beginnt mit der Zeile: „Ich lachte, als man mir sagte, dass der Fisch im Wasser dürstet." Was soll das denn heißen? „Ich lachte, als man mir sagte, dass der Fisch im Wasser dürstet." Dass der Fisch im Wasser ist? Dass es Fische gibt? Dass du Durst hast? Jedenfalls haben wir Durst, oder?

Eine dritte Geschichte: Ein Amerikaner, der in Afrika auf der Jagd war, sagte, er habe bei ein paar Einheimischen gewohnt, und wenn sie in Gefahr gewesen seien, dann sei etwas sehr Ungewöhnliches passiert: „Sie sahen uns Weiße mit einer seltsamen Art Neugier an, wenn sie die Furcht in unseren Augen bemerkten. Für sie war es ganz unverständlich, als würden sie in die Augen von Fischen blicken, die Angst vor dem Ertrinken hatten." Das ist auch eine wirklich gute Geschichte. Können Sie sich einen Fisch vorstellen, der Angst vor dem Ertrinken hat?

Immer wieder haben die mystischen Lehrmeister der Welt genau diese Frage gestellt. Für sie ist es ein

Rätsel. „Warum sind die Menschen unglücklich? Warum haben sie so viel Angst?“ Und solange man noch nicht *gesehen* hat, ist es durchaus sinnvoll, Angst zu haben und unglücklich zu sein.

Irreale Angst

Wenn ich über Angst rede, meine ich nicht die unmittelbare Reaktion auf eine Gefahr, wie Tiere sie kennen. Ich spreche über die Angst vor dem, was kommt, die Angst vor dem, was geschehen wird. Die Mystiker behaupten, sie seien frei von dieser Angst. Sie würde in ihrem Geist einfach nicht existieren. Was für ein Zustand!

Dazu gibt es eine schöne Geschichte über einen Kamelhändler, der durch die Wüste Sahara zieht. Seine Gefährten schlagen zur Nacht ihr Zelt auf, die Sklaven schlagen Pfähle in den Boden und binden die Kamele an. Als sie fast fertig sind, kommen sie zu ihrem Herrn. „Wir haben nur neunzehn Pfähle, aber zwanzig Kamele. Wie sollen wir das zwanzigste Kamel anbinden?“

Der Herr sagt: „Kamele sind dumme Tiere. Tut einfach so, als würdet ihr auch das zwanzigste Kamel anbinden, und es wird die ganze Nacht dableiben.“ So geschieht es, und das Kamel bleibt tatsächlich da, alle können es sehen. Am nächsten Morgen, als sie das Zelt abbauen und ihre Reise fortsetzen wollen, kommen die Sklaven wieder zu ihrem Herrn und beklagen sich, dass alle Kamele der Karawane folgen bis auf dieses eine. Es weigert sich, auch nur einen Schritt zu gehen. „Ihr habt vergessen, es loszubinden", sagt der Herr. „O ja", sagen die Sklaven und tun so, als würden sie das Kamel losbinden.

Dies ist ein Bild der menschlichen Natur. Wir fürchten uns vor Dingen, die nicht da sind. Wir sind an Dinge gebunden, die nicht existieren. An Illusionen und falsche Annahmen. An Glaubenssätze, die nicht der Realität entsprechen. Die Qualen, die wir wegen der Dinge erleben, die wir besitzen – wir haben uns selbst eingeredet, dass unser Glück davon abhängt, aber das tut es nicht. Wir wollen es bloß nicht wahrnehmen. Die Mystiker verstehen das, denn sie haben das alles selbst schon erlebt. Sie staunen nur, dass Menschen sich so sehr selbst betrügen können.

Der Anfang der Freiheit

Was ich Ihnen heute anbiete, ist ein Anfang. Sie brauchen niemanden, damit er Ihnen den Weg zeigt. Wenn Sie ihn weiterverfolgen, wenn Sie nur einen winzigen Blick darauf werfen und sich daran halten, dann finden Sie den Weg, und früher oder später entdecken Sie, was das alles bedeutet. Sie sind an Dinge gebunden, die nicht existieren. Sie existieren wirklich nicht.

Eine Geschichte erzählt von einem Schüler, der zu seinem Meister geht, und der Meister fragt ihn: „Warum kommst du zu mir?" Und der Schüler sagt: „Moksha." Das ist das Sanskrit-Wort für Freiheit. „Ich bin gekommen, um Freiheit zu finden."

„Oh, Freiheit", sagt der Meister. „Hmmm. Dann geh hinaus und such den, der dich gefesselt hat."

Der Schüler geht also hinaus und meditiert eine Woche lang. Dann kommt er wieder zum Meister und sagt: „Niemand hat mich gefesselt."

„Warum suchst du dann Freiheit?", fragt ihn der Meister. Und in diesem Augenblick wird der Schüler sehend und erlangt seine Freiheit, seine Befreiung.

Warum bist du hier? Um Freiheit zu finden. Geh und finde heraus, wer dich gefangen hält. Niemand hält dich gefangen. Wofür also brauchst du Freiheit? Du bist schon frei. Warum suchst du sie? Du verstehst nicht, weil du dich selbst mit allen möglichen eingebildeten Ketten gefesselt hast.

Ich glaube, John Lennon hat gesagt: „Leben ist, was uns widerfährt, während wir mit anderem beschäftigt sind." Oh, wie schön! Wirklich schön. Das Leben widerfährt uns, während wir mit etwas anderem eifrig beschäftigt sind. Schlimmer noch: Das Leben widerfährt uns, während wir damit beschäftigt sind, alle möglichen Sachen zu erleiden.

Dafür habe ich ein besonders gutes Bild: Denken Sie an einen Konzertsaal. Das Orchester wird gleich eine Symphonie spielen. Sie haben sich schön gemütlich auf Ihrem Platz niedergelassen und sind bereit, die Musik zu hören und zu genießen. Da plötzlich fällt Ihnen ein, dass Sie vergessen haben, Ihr Auto abzuschließen. Oha, was machen Sie jetzt? Sie können nicht mehr raus, das würde zu sehr stören. Sie können aber auch die Musik nicht genießen, sondern bleiben in einem Zwischenzustand hängen. Das ist ein Bild für das Leben der meisten Menschen. Ständige Sorge: Was mache ich jetzt? Was wird als Nächstes passieren? Wie komme ich damit klar? Wie gehe ich damit um?

Sie fragen jetzt, ob es anders denn überhaupt möglich ist. Natürlich ist es möglich. Wissen Sie, warum Sie glauben? Was soll Ihre Religion denn nützen, wenn Sie Ihnen darauf keine Antwort gibt! Sie bekommen alles richtig hin: Die Dogmen und die Glaubenssätze, die Rituale, alles ist richtig – aber in Ihrem Leben läuft alles falsch. Was soll das denn? Sie haben die Speisekarte, aber nichts zu essen. Sie kennen alle Gebete, aber es steckt kein Leben darin, oder? „Warum nennt ihr mich Herr, Herr, und tut nicht, was ich euch sage?", fragt Jesus (Lukas 6,46). Was soll das alles, wenn Sie nicht wissen, wie Sie es anwenden sollen? Das ist die Frage. Wie wenden wir es an?

Fangen wir damit an, was Sie aus der Fassung bringt. Ist jemand gestorben? Hat Sie jemand betrogen? Hat jemand Sie zurückgewiesen? Haben Sie etwas verloren? Sind Ihre Pläne fehlgeschlagen? Ist jemand verschwunden? Was auch immer. Fallen Ihnen jetzt und hier Dinge ein, die Sie in der letzten Zeit aus der Fassung gebracht haben? Denken Sie kurz nach, nur drei oder vier Sekunden. Irgendetwas, was Sie in der letzten Zeit durcheinandergebracht hat oder noch bringt.

Nichts auf dieser Welt bringt Sie aus der Fassung

Und nun bereiten Sie Ihre Seele auf einen Schock vor, denn jetzt kommt's. Ich sage es, wie es ist, ich werfe die Bombe genau mitten hinein. Hören Sie zu: Nichts in der Wirklichkeit, nichts im Leben, nichts auf dieser Welt bringt Sie aus der Fassung. Nichts hat die Macht, Sie durcheinanderzubringen. Hat Ihnen das schon mal jemand erzählt? Alles, was Sie durcheinanderbringt, existiert nur in Ihrem Innern, nicht in der Realität. Und Sie dürfen das Wort *alles* ruhig unterstreichen. Alles! Alles, was Sie aus der Fassung bringt, existiert nur in Ihrem Inneren und nicht im Leben. Nicht in der Wirklichkeit. Nicht auf dieser Welt. Nur in Ihnen drin.

Wer das versteht, dessen Leben kann sich um 180 Grad drehen. Nur das brauchen Sie zu verstehen, mehr nicht. Die Wirklichkeit regt Sie nicht auf, macht Ihnen keine Sorgen, keinen Kummer. Die Wirklichkeit ist überhaupt nicht das Problem. Wenn es keinen menschlichen Geist gäbe, dann gäbe es auch keine Probleme. Alle Probleme existieren im Geist des Menschen. Alle Probleme sind vom Geist des Menschen erschaffen. Jemand hat mich gefragt: „Gibt es denn keine Probleme, die in der Wirklichkeit existieren und nicht in mir?" Und ich habe ihm geantwortet: „Wenn wir Sie da rausnehmen, wo ist dann das Problem?" Nein, es gibt kein Problem.

Für mich ist diese Wahrheit so einfach, dass sie ein siebenjähriges Kind verstehen könnte. Aber ich habe Menschen getroffen, kluge Leute mit Doktor-Titel, die sie ihr ganzes Leben lang nicht verstanden haben. Niemals. Sie sind einfach ganz selbstverständlich davon ausgegangen, dass Probleme Teil der Außenwelt sind. Dass Probleme einfach an sich existieren. Um es zu wiederholen: Unter Problem verstehe ich etwas, das Sie außer Fassung bringt. Menschen glauben, Probleme existierten in der Außenwelt. Sie glauben, die Probleme existierten in anderen Menschen. Im Leben. Nein! Die Probleme liegen in ihnen selbst. So einfach ist das. Nichts hat die Macht, Sie aus der Fassung zu bringen.

Ihre Programmierung verursacht die Aufregung

Lassen Sie uns konkret werden. Sagen wir, jemand hat ein Versprechen nicht eingehalten. Sie regen sich darüber auf. Was glauben Sie, wer oder was regt Sie auf? Das gebrochene Versprechen? Ach was. Ich könnte irgendeinen anderen Menschen hier an diese Stelle setzen, der ebenfalls mit einem gebrochenen Versprechen konfrontiert ist, sich aber nicht darüber aufregt. Warum also regen Sie sich auf? Ganz einfach: Sie sind trainiert, zu glauben, es sei das gebrochene Versprechen. Aber das ist es nicht, es ist Ihre Programmierung, Ihr Training. Sie sind trainiert, sich jedes Mal aufzuregen, wenn Sie mit einem gebrochenen Versprechen konfrontiert werden.

Sie planen ein Picknick für den Sonntag und es regnet in Strömen. Woher kommt der Ärger? Vom Regen oder von Ihnen? Vom Regen oder von Ihrer Reaktion auf den Regen? Der Ärger wird nicht durch den Regen verursacht, sondern durch Ihre Reaktion. Ein anderer Mensch würde anders reagieren, sich möglicherweise nicht ärgern. Wenn Sie nicht Ihr Glück vom Wetter abhängig gemacht hätten, dann würden Sie nicht so reagieren, nicht wahr? Aber Sie und ich, wir sind beide trainiert, unser Glück von solchen Dingen abhängig zu machen, und wenn es dann nicht so läuft wie geplant, dann spult sich unser Training, unsere Programmierung, unser falscher Glaubenssatz in uns ab: „Wenn dies und das nicht passiert, dann werde ich nicht glücklich sein." Und was passiert? Wir regen uns auf.

Es gibt einige sehr interessante Beispiele dafür, auch aus anderen Kulturen. Ein Freund in New York erzählte mir ein anthropologisches Detail über ein Volk in Afrika. Er sagte: „Ihre Todesstrafe funktioniert folgendermaßen: Sie haben keinen elektrischen Stuhl, sie hängen niemanden auf. Sie verbannen die Delinquenten. Wenn man zu diesem Volk gehört und ein Kapitalverbrechen begangen hat, dann wird man verbannt." Und er sagte weiter: „Innerhalb etwa einer Woche nach der Verbannung stirbt der Verbrecher." Würden Sie sterben, nur weil jemand Sie verbannt? Ich nicht, und ich glaube, Sie auch nicht, oder? Wir würden es schrecklich finden, an einen anderen Ort verbannt zu werden. Aber sterben würden wir nicht. Aber diese Leute sterben. Buchstäblich.

Falsche Glaubenssätze führen zum Tod

Ein befreundeter Jesuit in Mexiko hat mir von der Überzeugung der Einheimischen in einer Gegend dort erzählt, dass sie sterben, wenn sie einen bestimmten Stein berühren. Sie sind absolut überzeugt davon. Ein Junge lief herum und kam mit dem Fuß an den verfluchten Stein. Dann lief er zu dem Pater und sagte ihm, er würde sterben. Und der Pater sagte: „Ach was, das ist Aberglaube, das glaube ich nicht."

In der folgenden Nacht kam die Mutter des Jungen zu dem Priester und sagte: „Pater, könnten Sie bitte mit den Sterbesakramenten zu uns kommen."

Doch der Pater sagte wieder: „Hören Sie, das ist alles Aberglaube. Reden Sie dem Jungen nicht auch noch ein, dass er sterben wird, sonst wird es noch zu einer sich selbst erfüllenden Prophezeiung. Das ist doch Unsinn!" Und er ging nicht mit. Doch am nächsten Morgen starb der Junge tatsächlich. Er war überzeugt, dass er sterben würde, und er starb.

Man hört von Studenten in bestimmten Kulturen, Gemeinschaften, Ländern, die ihre Prüfungen so ernst nehmen, dass sie sich selbst töten, wenn Sie durchfallen. Ich kenne aber auch Studenten, die sagen: „Na und, das macht doch nichts", wenn sie eine Prüfung nicht bestehen. Für andere ist es ein Grund, sich umzubringen. Wie kommen die unterschiedlichen Reaktionen zustande?

Wer tötet einen solchen Menschen? Die Prüfung? Das Scheitern? Was glauben Sie? Was würden Sie sagen? Es ist die eigene Reaktion, oder nicht? Denken Sie an die Leute, die aus dem afrikanischen Volk verbannt werden. Müsste man zu dem Richter sagen: „Die Verbannung hat ihn umgebracht"? Die Verbannung hat ihn nicht umgebracht, sondern sein Glaube an ihre Kraft, seine Kultur, seine Indoktrination und seine Programmierung.

Der Junge, der mit dem Fuß an einen Stein gestoßen ist – hat der Stein ihn umgebracht? Aber nein! Es war sein Glaube daran, seine Programmierung. Und jetzt übertragen wir das auf unseren Alltag. Das ist echter Sprengstoff. Sie könnten vor Glück in die Luft gehen, tatsächlich! Machen Sie mal einen Versuch. Eine Übung, bei der Sie das Glück vielleicht gleich jetzt erleben werden. Irgendetwas hat sie aufgeregt? Haben Sie die Formulierung schon einmal bewusst gehört? *Etwas* hat Sie aufgeregt. So drücken wir es in fast allen Sprachen aus: „Das hat mich aufgeregt." Doch eigentlich müsste es heißen: „Darüber habe ich mich aufgeregt." Aber meistens sagen wir das nicht. Sie sagen: „Du regst mich auf." Nein, eigentlich müsste es heißen: „Ich rege mich über dein Verhalten auf." Aber das gefällt uns nicht besonders. Wir wollen die Welt, andere Menschen, das Leben oder auch Gott verantwortlich machen: „Du hast das getan."

Spiritualität heißt: nicht von der Gnade anderer abhängig zu sein

Verstehen Sie jetzt ein kleines bisschen, was geschehen kann, wenn Sie es wirklich begreifen? Dann würden Sie über allem stehen. Damit haben wir eine gute

Definition von Spiritualität. Spiritualität heißt, nicht mehr von der Gnade eines Ereignisses, einer Person oder von sonst irgendetwas abhängig zu sein. Ich sage damit nicht, dass Sie andere Menschen nicht lieben sollen. Ich sage nur, Sie sind nicht mehr von ihrer Gnade abhängig. Nicht von einem Ereignis, nicht von einer Person, von gar nichts. Mit anderen Worten: Was auch passiert, Sie regen sich nicht mehr darüber auf.

Wir bringen Jahre damit zu, Spiritualität zu studieren, darüber zu schreiben, Bücher zu lesen, an Seminaren teilzunehmen – und was geschieht? Regen Sie sich immer noch auf? Wenigstens gelegentlich? Tatsächlich? Was sollen dann die Studien? Das Leben vergeht, und Sie sitzen immer noch in diesem Konzertsaal, unfähig, die Musik zu genießen, unfähig, Ihr Auto abzuschließen, zwischen den Stühlen.

Schauen wir uns das konkret an: Denken Sie an zwei oder drei Beispiele für Situationen oder Personen, über die man sich aufregt. Wenn es ein Beispiel ist, das Ihnen persönlich nahegeht, umso besser, aber das muss gar nicht sein. Es ist gleichgültig, ob Sie es selbst erlebt haben oder jemand anderer.

Sagen wir, jemand stirbt. Was wühlt Sie daran auf? Der Tod des betreffenden Menschen? Nein. Wenn Sie sich darüber aufregen, dann sind Sie darauf programmiert, sich aufzuregen, wenn jemand stirbt. Denken Sie mal darüber nach, nehmen Sie sich ruhig

Zeit. Schließlich widerspricht es allem, was Ihnen Ihre Kultur beigebracht hat, und für mich und meine Kultur gilt das ebenfalls. Wir haben gelernt, uns aufzuregen, wenn wir jemanden verlieren. Wir haben gelernt, uns aufzuregen, wenn uns jemand zurückweist, missbilligt, verlässt, wenn jemand stirbt. Wir sind – und jetzt bereiten Sie sich bitte auf einen anstößigen Satz vor – trainiert, von anderen Menschen emotional abhängig zu sein. Wir sind trainiert, unfähig zu sein, ohne andere Menschen emotional zu überleben – wobei ich das Wort „emotional" betone.

Daher bin ich selbstverständlich innerlich aufgewühlt, wenn jemand stirbt, an dem ich hänge. Der Tod bringt mich aus der Fassung, denn ich bin trainiert, mich bei dieser Gelegenheit aufzuregen. Das klingt geradezu blasphemisch, nicht wahr? Scheußlich. Denken Sie mal darüber nach.

Noch ein Beispiel: Sie sehen auf der Straße einen Menschen, der nicht genug zu essen hat. Es scheint uns, als müssten wir uns darüber aufregen. Handelt es sich um ein Übel? Was glauben Sie, ja oder nein? Ja, natürlich. Sollte ich etwas dagegen unternehmen, soweit ich dazu in der Lage bin? Ja oder nein? Ja, ich sollte. Soweit gut. Bis jetzt haben Sie die richtigen Antworten gegeben, aber warten Sie nur, ich kriege Sie!

Aber muss ich mich aufregen, um mich zum Handeln zu bewegen und etwas zu unternehmen? Es gibt ja die Annahme, dass Menschen nichts unternehmen, wenn man sie nicht trainiert, sich aufzuregen. Aber schauen Sie: Hier ist jemand, der nicht genug zu essen hat, und das ist ein Unglück. Sie geraten außer sich: Jetzt haben wir doppeltes Unglück. Könnten wir etwas gegen das eine Unglück unternehmen, ohne noch ein zweites hervorzurufen?

Wirf dich in den Lärm der Schlacht

Tatsächlich können viele Menschen sich nicht einmal vorstellen, sich zum Handeln aufzuraffen, ohne sich erst einmal aufzuregen. Ungefähr so: Sie stehen in einer Schlange, und jemand drängelt sich vor. Jetzt wollen Sie etwas unternehmen. Gute Idee! Sie wollen ihm sagen, dass er sich falsch verhält. Sie haben vollkommen recht! Sie wollen etwas dagegen tun. Ihn wegschieben. Immer noch richtig! Aber wissen Sie, was Sie tun? Sie sagen: „Du hast dich schlecht benommen, und deshalb werde ich mich selbst bestrafen."

Denn genau das tun Sie, schauen Sie genau hin. Der andere hat sich schlecht benommen, nicht wahr? Aber bei Ihnen steigt der Blutdruck, Sie verlieren Ihren Seelenfrieden, schlafen womöglich heute Nacht schlecht. „Weil Sie sich schlecht benommen haben, werde ich …" Warum in aller Welt bestrafen Sie sich selbst? Sie sind unschuldig! Man sollte meinen, dass Menschen das verstehen könnten, gebildete Menschen, sogenannte vernünftige Menschen. Aber ihre ganze Kultur baut darauf auf, dass sie sich aufregen!

Ich rege mich nicht auf? Nein! Aber ich habe doch vor, etwas zu unternehmen. O ja, auf jeden Fall! Aber ich gerate nicht außer Fassung? Nein, warum sollte ich das tun? Warum sollte ich mich selbst bestrafen, weil sich ein anderer schlecht benimmt?

Wirf dich in den Lärm der Schlacht und bewahre dein Herz in Frieden an den Lotusfüßen des Herrn. Aber da gibt es eine Angst, verstehen Sie? Die uns trainiert und programmiert haben, hatten Angst, dass wir nichts unternehmen würden, wenn wir uns nicht aufregen. Worauf sie nicht gekommen sind: Wenn Sie sich aufregen, haben Sie viel weniger Energie zum Handeln und nehmen viel weniger wahr. Sie sehen nicht mehr richtig. Und Sie überreagieren.

Vergeude deine Kraft nicht

Ich verstehe nichts vom Boxen, aber ich habe mir sagen lassen, dass ein Boxer sich im Ring niemals aufregen oder die Beherrschung verlieren darf, sonst verliert er auch den Kampf. Ich habe mir auch sagen lassen, dass der Gegner es auf jeden Fall darauf anlegt, dass er die Beherrschung verliert, damit seine Koordination und Wahrnehmung nachlassen. Wie oft geschieht es, dass Menschen sich in sozialen

Projekten – großen Projekten im Interesse des Wohlergehens anderer – so sehr emotional verstricken und aufregen, dass sie die eigene Arbeit zerstören! Sie verlieren ihre Wahrnehmung und überreagieren.

Nehmen wir einmal an, jemand begeht ein Verbrechen, und Sie sind das Opfer. Sollten Sie sich darüber nicht aufregen? Jemand hat Ihnen zum Beispiel etwas gestohlen. Damit hat er ein Verbrechen an Ihnen begangen. Rechtfertigt das Ihre Aufregung, ja oder nein? Nein, tut es nicht. So zu denken kommt uns unrealistisch vor. Verstehen Sie, was ich meinte, als ich gesagt habe, dass die Leute nicht zuhören wollen? Sie sagen: „Ach, hör auf, du spinnst ja, du bist ja verrückt. Lass mich in Ruhe damit."

Erinnert Sie das an die Evangelien? „Wir wollen dich nicht hören. Geh weg, geh woanders hin." Vergeuden Sie Ihre Kraft nicht. Die Leute wollen nicht zuhören. Sie wollen nicht glücklich sein. Sie wollen sich nicht ändern. Na gut, lassen Sie sie. Warum sollten Sie Ihre Kraft vergeuden? Brauchen Sie das gute Gefühl, alle Menschen zu bekehren, zu erleuchten? Vielleicht sollten Sie jetzt mal in sich hineinsehen. Sie sind nicht glücklich, wenn Sie sich nicht als der große Meister hinstellen können, nicht wahr? Sehen Sie? Aber die Leute wollen Ihnen nicht zuhören? Wunderbar, in Ordnung. Das ist deren Problem.

Nichts auf der ganzen Welt hat die Macht, Sie aus der Fassung zu bringen. Nichts. Tatsächlich hat Sie auch noch niemals etwas aufgeregt, niemand hat Sie je verletzt. Das haben Sie blöderweise selbst getan.

Und damit komme ich zum nächsten Schritt. Weder die anderen noch die Wirklichkeit haben mich verletzt. Also kann ich sie nicht dafür prügeln. Wer hat den Schaden denn dann angerichtet? Oh, das war ich. Ich habe mir selbst wehgetan? Ja, genau, und deshalb werde ich wütend auf mich selbst, ich rege mich über mich selbst auf, ich schlage jetzt mich selbst dafür, ich werde mich hassen ... Verstehen Sie, worauf ich hinaus will?

Dann habe ich gute Neuigkeiten für Sie. Die anderen haben Ihnen nichts angetan. Die Welt hat Ihnen nichts angetan. Auch nicht das Leben. Und was das Beste ist: Sie selbst haben sich auch nichts angetan.

Ist das nicht wunderbar? Aber wer war es dann?

Hand aufs Herz, würde irgendjemand von Ihnen, solange sie oder er bei klarem Verstand ist, sich hinsetzen und sich bewusst, aus freien Stücken und absichtlich aufregen? Ganz ehrlich! Glauben Sie, einer von Ihnen würde das tun? Nein, würden wir nicht. Wir regen uns nicht freiwillig auf. Es ist, als läge das außerhalb unserer Kontrolle. Also hören Sie auf, sich Vorwürfe zu machen.

Worum es geht, ist Ihre Prägung. Sie sind so programmiert und konditioniert. Das müssen Sie verstehen. Sie brauchen nichts für Ihre Erleuchtung tun. Sie brauchen nichts für Ihre Befreiung und für Ihre Spiritualität tun. Sie müssen lediglich sehen und verstehen. Wenn Sie es verstehen würden, dann wären Sie frei.

Reife heißt: niemandem einen Vorwurf machen

Ich rege mich auf. Ich bin aus der Fassung geraten. „Die da draußen haben mir etwas angetan."

Falsch.

„Ich habe mir das angetan."

Auch falsch.

Ihre Programmierung tut Ihnen das an. Ihre Kultur tut Ihnen das an. So sind Sie erzogen und trainiert. Der Afrikaner wird verbannt und stirbt an dieser Strafe? Falsch. Er bringt sich selbst um? Auch falsch. Seine Programmierung tut es.

Es ist sehr schwierig, Reife zu definieren, aber ich habe mir eine ganz brauchbare Arbeitsdefinition zurechtgelegt: Reife ist, niemandem mehr einen Vorwurf zu machen. Sie machen anderen Leuten keinen Vorwurf und sich selbst auch nicht. Sie sehen, was falsch ist, und sie sorgen für Abhilfe. Das ist ein ziemlich gutes Zeichen von Reife.

Sie würden staunen, wie kindisch Menschen sein können. Sie sind so kindisch! Haben Sie schon mal einem kleinen Kind zugeschaut? Sie können fast sicher davon ausgehen, dass in ihrem gegenwärtigen Zustand der Verrücktheit 99,999 Prozent der Menschheit kindisch sind. Schauen Sie einfach mal hin. Schauen Sie einen halben Tag lang hin, und Sie werden feststellen, dass unsere größten Männer und Frauen sich ausgesprochen kindisch aufführen, ganz und gar kindisch.

Wissen Sie, wie sich ein Kind benimmt? Ich weiß nicht, wie es hier in den Vereinigten Staaten ist, aber bei uns in Indien ist es so: Das Kind stößt sich das Knie an einem Tisch. Großes Geschrei. Dann fangen die Erwachsenen an: „Wer hat dir wehgetan? Der Tisch? Böser, böser Tisch." Dann geht es dem Kind wieder gut. Sehen Sie, wie kindisch das ist? Und jetzt kommt man zu Ihnen und fragt: „Wer hat dir wehgetan?"

„Meine Frau, mein Mann, mein Vorgesetzter."

„Ist das nicht schrecklich? Furchtbar!" Und schon geht es dem Baby gut. Und dieses Baby ist der Generaldirektor einer großen Firma oder der Präsident eines Landes oder was auch immer.

Mein Gott, wie kindisch können die Menschen sein! Und sie wissen nichts davon, sie müssen irgendjemandem einen Vorwurf machen. Aber Reife heißt verstehen, dass man niemandem einen Vorwurf machen kann. Oder noch besser, noch genauer: Reife heißt, sich selbst nicht den kindisch-emotionalen Ausweg zu gestatten, der darauf hinausläuft, anderen oder sich selbst einen Vorwurf zu machen. Stattdessen: sehen, was falsch gelaufen ist, und für Abhilfe sorgen. Etwas tun. Verstehen Sie? Niemandem ist ein Vorwurf zu machen. Es ist die Programmierung, die das alles anrichtet.

Ich weiß, dass ich mich wiederhole, aber es geht um etwas sehr Wichtiges. Ich habe eine Übung für Sie, die nur ein paar Minuten dauert. Mal sehen, ob sie irgendeine Wirkung auf Sie hat.

Denken Sie an etwas, das Sie bisher aufgeregt hätte. Ich habe Sie vorhin schon einmal dazu aufgefordert; kehren Sie jetzt zu dem Gedanken zurück. Und versuchen Sie zu verstehen, dass es nicht die betreffende Sache oder Person war, die sie aufgeregt hat, sondern Ihre Programmierung. Nicht die Gemeinheit „der Leute", nicht ihre Missbilligung oder ihre Zurückweisung. Es liegt nicht an den Leuten. Was Sie so aufregt, ist Ihre Programmierung. Und wenn Sie sich das klarmachen, schauen Sie, was mit Ihnen passiert.

Wenn Sie das wiederholen können, immer wieder, dann kommt es im Allgemeinen zu folgender Erfahrung.

Schritt eins: „Himmel, das regt mich auf!"

Schritt zwei: „Hm, nein, *das* regt mich gar nicht auf, sondern meine Programmierung sorgt dafür, dass ich mich aufrege. Ich muss also nicht meine ganze Energie darauf verwenden, gegen etwas Äußeres zu kämpfen, oder?" Genau. „Ich muss nicht meine ganze emotionale Energie darauf verwenden, der Sache da draußen Vorwürfe zu machen." So ist es.

Witzig, wie der ganzen Aufregung auf einmal die Luft ausgeht. Sie schrumpft einfach zusammen. Denn solange ich einen Feind da draußen habe, der mich aufregt, verlange ich, dass sich dieser Feind ändert. Ich weigere mich, mit dem Aufregen aufzuhören, solange sich „das da draußen" nicht ändert. Wenn ich glaube, dass mich jemand aufregt, dann weigere ich mich, meine Aufregung loszulassen, solange er da ist und sein „aufregendes" Benehmen aufrechterhält. Erst wenn er sich wandelt, ändert oder einfach verschwindet oder weggeht, dann legt sich meine Aufregung.

Aber nun nehmen wir an, das Leben ist nun mal, wie es ist. Dann regen Sie sich immer weiter auf. Erst wenn Sie sagen: „Warte mal, das Leben ist gar nicht das Problem, sondern meine Programmierung", dann kann jemand sich auf diese oder jene Weise benehmen, aber Sie müssen sich nicht aufregen.

Es gibt nichts in den Griff zu kriegen

Ab jetzt regen Sie sich eine Weile immer weniger auf, und dann taucht die große – entschuldigen Sie, ich will Ihnen da gar nicht zu nahe treten, aber es wird Ihnen gefallen – westliche Frage auf: Wie kriegen wir das in den Griff?

„Er regt mich nicht auf. Ich rege mich nicht auf. Die Programmierung regt mich auf.“ Wie kriegen Sie das in den Griff? Kennen Sie die große östliche Antwort auf diese Frage? Sie kriegen es nicht in den Griff. Sie lassen es, wie es ist. Es verschwindet von selbst. Je mehr Sie versuchen, es in den Griff zu bekommen, desto stärker wird es.

Das also ist die nächste verwirrende Geschichte: Kriegen Sie es nicht in den Griff! Lassen Sie es einfach, wie es ist. Es verschwindet von selbst. Wirklich. Aber müssen wir nicht feststellen, woher diese Programmierung kommt? Das ist durchaus hilfreich, aber nicht unbedingt notwendig.

Wenn Sie wild entschlossen an der Auflösung arbeiten – „Ich muss unbedingt rauskriegen, woher diese Sache kommt, und sie dann verändern“ –, dann machen Sie alles nur noch schlimmer, da können Sie sicher sein. Viele Menschen ändern sich nie, weil sie so entschlossen sind, sich zu ändern. Sie sind so entschlossen, dass nie etwas daraus wird. Sie sind so angespannt, machen sich so viele Gedanken, dass alles nur noch schlimmer wird.

Und wissen Sie was: Da sind wir alle gleich. Was ich Ihnen hier sage, das unterrichte ich auch in Japan, in Indien und Spanien, in Lateinamerika und überall auf der Welt. Die Menschen sind überall gleich. Ganz an der Oberfläche finden Sie eine dünne kulturelle Schicht, die unterschiedlich aussieht, aber in der Tiefe sind wir alle gleich. Dieselben Probleme, überall. Der Hass ist derselbe, der Konflikt ist derselbe, die Schuldgefühle sind dieselben. Die Abhängigkeit von der Meinung der anderen und die emotionale Abhängigkeit von deren Zustimmung – überall dasselbe, bis in die Details. Kratzen Sie die äußerste Kulturschicht ab, und darunter finden Sie überall dieselbe Wirklichkeit.

Und überall versuchen die Menschen, alles in den Griff zu kriegen: Wie kann ich etwas verändern? Sie verändern es nicht, Sie verstehen es! Sie sehen es an, beobachten es, und es erledigt sich von selbst. Sie verändern es überhaupt nicht, das macht das Leben, die Natur. Sie heilen sich nicht selbst, das macht die Natur; sie helfen der Natur nur ein wenig.

Wenn etwas geschieht, über das wir uns gemeinhin aufregen, dann ist es nicht die Sache selbst, die uns aufregt. Nicht das Leben spielt uns übel mit. Das Leben ist einfach und schön. Denken Sie an meinen Freund Ramchandra, den Rikschafahrer. Nicht das äußere Geschehen verursacht die Aufregung. Und Sie tun es auch nicht. Ihre Programmierung tut das.

Die Schwierigkeiten liegen in der Programmierung

Sie müssen mit ein paar Menschen zusammenleben und haben Schwierigkeiten mit zwischenmenschlichen Beziehungen? Beziehungen sind nie schwierig,

Ihre Programmierung ist schwierig. Es gibt keine Schwierigkeiten zwischen Menschen, es gibt nur Schwierigkeiten in Ihrer Programmierung. Woher kommt die Aufregung? Sie fragen: „Ist es möglich, mit jemandem zusammenzuleben, der jeden Tag die Beherrschung verliert, und sich dabei nicht aufzuregen?" Ja, natürlich ist es möglich, sich nicht aufzuregen. Sie fragen: „Wenn jemand mich beleidigt, soll ich mich nicht aufregen?" Nein, sollen Sie nicht. „Warum nicht? Warum soll ich mich nicht aufregen, wenn mich jemand beleidigt?"

Verstehen Sie, wenn ein Brief nicht angenommen wird, geht er zurück an den Absender. Sie nehmen ihn nicht an, er wird zurückgeschickt. Wissen Sie, warum Sie jemand beleidigt oder warum Sie sich über die Beleidigung aufregen? Weil Sie sie angenommen haben! Echt blöd von Ihnen, warum haben Sie sie denn angenommen? „Sie meinen, es ist möglich, Sie nicht anzunehmen?" Ja, das meine ich. Oder nennen Sie das Menschsein, wenn Sie leben wie ein Äffchen: Jemand zieht an der Leine und Sie springen?

Wissen Sie, was Menschsein heißt? Das geht ungefähr so: Ein Mann kauft jeden Tag bei einem Zeitungsmann seine Zeitung. Der Zeitungsverkäufer ist immer unfreundlich zu ihm. Also sagt ein Freund zu dem Käufer: „Warum kaufst du deine Zeitung bei diesem Kerl? Er ist immer unfreundlich zu dir. Warum kaufst du sie nicht beim nächsten Zeitungsmann?" Und der Mann sagt: „Warum sollte der Verkäufer darüber entscheiden, wo ich meine Zeitung kaufe? Warum sollte er die Macht haben, darüber zu entscheiden?"

So sieht Menschsein aus, sonst reden wir über Affen. Man kann sie ganz einfach kontrollieren, indem man sie ein bisschen in den Schwanz kneift, dann handeln sie auf vollkommen vorhersagbare Weise. Programmierung, Programmierung.

Es ist also nicht der andere Mensch, der Sie aufregt. Und Sie sind es auch nicht. Es ist die Programmierung. Sie müssen das nur verstehen und sich davon distanzieren, einfach nur verstehen. Sie wollen etwas gegen die Programmierung unternehmen? Wenn Sie das können, gut so, aber ist es notwendig? Nein. Wenn Sie verstehen, wenn Sie wissen, dass der Grund in Ihrer Programmierung liegt und nicht in Ihnen selbst oder irgendwo da draußen, dann erledigt sich die Sache von selbst. Wirklich.

Nach ein paar Monaten werden Sie erstaunt feststellen, dass Dinge, die Sie früher krank vor Sorge gemacht haben, unter denen Sie gelitten haben, Sie jetzt in vollkommenem Frieden voranschreiten lassen. Sie gehen ziemlich entspannt damit um. Das ist spirituelles Leben. Das heißt es, „uns selbst zu sterben" – die Programmierung loslassen. Und Sie lassen sie los, indem Sie sie durchschauen und beim Namen nennen.

Ist es in der Welt, die Sie beschreiben, noch möglich zu sündigen? Befreien wir selbst uns oder macht uns die Gnade Christi frei? Kann ich nicht handeln, wenn ich eine Ungerechtigkeit sehe, auch wenn ich nicht außer mir gerate? Wenn sich jemand in der Schlange vordrängt, kann ich nicht etwas dagegen unternehmen, auch wenn ich mich nicht aufrege?

Ich will am Ende der Fragen beginnen. Zunächst einmal: Dürfen Sie etwas unternehmen, wenn sich jemand in der Schlange vordrängt? Nur zu, handeln Sie! Wie auch immer Sie wollen, ja, das ist in Ordnung. Sie handeln, um etwas Falsches zu berichtigen, nicht um Ihre Aufregung auszuleben. Sehen Sie den Unterschied? Es ist ein großer Unterschied. Tut mir leid, wenn ich das so sage, aber wir handeln oft nicht nur, um etwas Falsches zu berichtigen, sondern auch, um unsere Aufregung abzureagieren. Und das ist schlecht.

Zum Zweiten: Ist es möglich, in der hier beschriebenen Welt noch zu sündigen? Aber sicher. Um uns herum ist so viel Sünde, so viel Böses. Aber je mehr Sie die menschliche Natur verstehen, desto weniger werden Sie dazu neigen, jemanden zu verurteilen. Hinter dem, was wir Sünde nennen, steckt so viel Dummheit, so viel Unwissenheit, so viel Angst und so viel Programmierung, dass wir besser beraten sind, niemanden zu verurteilen. Niemanden, auch uns selbst nicht. Paulus sagt das auch, er wagt es nicht einmal, über sich selbst zu urteilen.

Und zum Dritten: Befreien wir selbst uns oder macht uns die Gnade Christi frei? Die Gnade Christi steht jedem Menschen zur Verfügung. Aber wissen Sie, diese bloße Tatsache bringt Sie möglicherweise keinen Schritt weiter. Sie müssen etwas tun. Kennen Sie die Geschichte von dem Mann, der seine Pfeife anzündete und dabei seinen Bart anbrannte? Als man ihm sagte: „Dein Bart brennt", erwiderte er: „Ich weiß, aber seht ihr nicht, dass ich um Regen bete?" Nun ja, der Regen steht uns allen zur Verfügung, aber Sie müssen trotzdem aufpassen, was Sie tun.

Die Tragödie der Menschheit besteht nicht in einem Mangel an göttlicher Gnade, sondern in einem Mangel an richtigem Verständnis. Wir haben falsche Vorstellungen, die berichtigt werden müssen.

Pater de Mello, Sie sind sehr gebildet und weit gereist. So, wie Sie Erleuchtung definieren, ist das alles dafür nicht nötig, aber ich würde gern etwas darüber hören, inwieweit Bildung und Weltkenntnis uns darauf vorbereiten können, die nötigen Wachstumsschritte zu gehen und die Wahrheit anzunehmen, von der Sie sprechen.

Ist Bildung eine gute Vorbereitung? Nein. Sie brauchen gesunden Menschenverstand und Intelligenz, aber beides hat nichts mit Belesenheit oder Gelehrsamkeit irgendeiner Art zu tun. Punkt. Kommen Sie bloß nicht auf die Idee, ein Doktor der Philosophie sei besser vorbereitet als ein einfacher Bauer in den Anden, der vielleicht nicht einmal lesen kann! Jedenfalls nicht hierfür. Sie würden staunen, wie wenig Intelligenz viele gelehrte Menschen besitzen.

Ein Freund an der Fordham University hat mir erzählt, dass er ein außergewöhnliches Buch über die Menschen gelesen hat, die mit Raketen auf den Mond geschossen wurden. Er hat zu mir gesagt: „Weißt du, es ist schon tragisch, dass wir so gut zusammenarbeiten konnten, dass wir eine Rakete auf den Mond geschickt haben, aber in unseren Familien schaffen wir das nicht. Wir wissen einfach nicht, wie das gehen soll. Wir wissen nicht, wie wir mit unseren Ehepartnern zurechtkommen sollen." Verstehen Sie, was ich meine? Ich bin einfachen Bauern begegnet, die genau wussten, wie man zusammenarbeitet. Was sagen Sie dazu? Das ist Intelligenz. Gelehrsamkeit ist also nicht gleichzusetzen mit Intelligenz, ganz und gar nicht. Sie können sehr gelehrt sein und trotzdem keine Ahnung von sich selbst haben. Sie können wissen, wie Raumschiffe funktionieren, aber keine Ahnung haben, wie Sie selbst funktionieren. Bildung ist dabei keine große Hilfe. Sie brauchen dafür keinen Bildungshintergrund, sondern Weisheit, Verständnis und Intelligenz, und die erlangen Sie durch Schneiden, Kratzen, Schmelzen, Fragen und Zweifeln. Wenn Sie nie etwas infrage stellen, wenn Sie nie in Zweifel ziehen, was man Ihnen beibringt, wenn Sie nie bezweifeln, was Ihre Kultur Sie gelehrt hat, wie wollen Sie dann irgendetwas verstehen?

Wie sieht Ihre Vorstellung von Glück aus und was heißt es, Mensch vor Gott zu sein? Ich würde Sie auch gern bitten, uns Ihre Vorstellung von Nicht-Anhaftung näher zu erklären. Zum einen sagen Sie, unser Begehren legt uns an die Kette. Aber was ist dann mit unserer Sehnsucht nach Gott? Und kann ich Gott in der Bedürfnislosigkeit finden? Oder sollen wir Gott gar gleichsetzen mit Bedürfnislosigkeit? Und schließlich – was ist mit Menschen, die körperlich missbraucht und misshandelt werden? Wie können Sie gegenüber dieser Erfahrung zur Nicht-Anhaftung finden?

Ich fange mit der letzten, schwierigeren Frage an. Es ist klar, dass ein Mensch, der zu Hause körperlich misshandelt wird, viel mehr Schwierigkeiten damit haben wird, nicht aus der Fassung zu geraten, als jemand, der am Fenster sitzt und über die Welt meditiert. Ich behaupte nicht, dass es einfach ist. Ich behaupte nur, es ist möglich. Und ich sage, dass Sie nie irgendwo ankommen werden, wenn Sie es von vornherein für unmöglich halten. Ist es möglich, dass

Menschen, die gefoltert werden, trotzdem im Frieden mit sich selbst leben? Ja, das ist möglich, und ich habe Beispiele dafür gesehen.

Ich habe einen außergewöhnlichen Brief eines Menschen gelesen, der während der Zeit des Nationalsozialismus in Deutschland in Haft war. Er wurde jeden Tag gefoltert und wusste, dass man ihn hinrichten würde. Und er hat ehrfurchtgebietende, wunderschöne Briefe an seine Familie geschrieben. Ich habe sie gelesen. Und ich habe mich gefragt: „Wie ist das möglich?“ Ich habe diese Briefe vor etwa zwanzig Jahren gelesen, und heute weiß ich: Ja, es ist möglich. Aber wir müssen irgendwo anfangen. Auch eine Reise von tausend Meilen beginnt mit dem ersten Schritt.

Kommen wir wieder auf den Kerl zurück, der sich in der Schlange vordrängt. Oder auf die Frau, die ständig an Ihnen herumnörgelt, den Mann, der Sie immer wieder beleidigt. Da fangen wir an. Und, wie ich schon sagte, nicht diese Menschen verursachen die Aufregung in Ihnen, sie kommt aus Ihrer Programmierung.

Das heißt nicht, etwas Falsches nicht zu benennen, wenn Sie es sehen. Ich behaupte nicht, Sie sollten nicht handeln. Natürlich sollen Sie das tun. Aber Sie müssen erkennen, woher die Aufregung kommt.

Rührt wahres Glück daher, wie wir als Menschen das Glück begehren und unser Begehren kontrollieren, oder kommt es aus der Sehnsucht der Seele, Gott und Jesus Christus zu erkennen?

Ja, die Sehnsucht nach Gott: Der heilige Thomas von Aquin sagt in der Einleitung seiner großen *Summa Theologica,* dass wir über Gott nur so viel mit Sicherheit sagen können: dass wir nicht wissen, wer oder was er ist. Gott befindet sich außerhalb der Reichweite unseres Wissens, deshalb nennen wir ihn ein Mysterium.

Wie sehnt man sich nach etwas, das man nicht begreifen kann und nicht unter Begriffe subsummieren darf? Etwas, worüber man mit symbolischen, analogen Begriffen spricht? Sehen Sie, wenn wir darüber sprechen, dass wir uns nach Gott sehnen, dann sprechen wir von Gott nicht als einem Objekt oder einer Person da draußen, die unter unsere Begriffe fällt und die wir verstehen können. Auf Gott trifft das, was ich sage, also überhaupt nicht zu. Denn Sie wissen ja nicht, wonach Sie sich sehnen.

Deshalb entwickelt man oft eine Art Bild, wenn man von der Sehnsucht nach Gott spricht, und man beginnt dann, sich nach diesem Bild zu sehnen. Aber die Sehnsucht nach dem Unbekannten, dem Unerkennbaren, dem, was jenseits aller Vorstellung und allen Verstehens ist, nach dem Mysterium – wie sieht die aus? Wir haben keine Ahnung. Ob wir sie mit Bedürfnislosigkeit gleichsetzen können? Vielleicht, vielleicht auch nicht.

Aber lassen Sie sich davon jetzt um Himmels willen nicht ablenken! Kümmern Sie sich weiter um Ihre Aufgabe. Wir können jede Menge theologischer Diskussionen über diese Angelegenheit führen, aber bis dahin machen Sie einfach weiter. Selbst-Beobachtung, Selbst-Achtsamkeit, Selbst-Verständnis, Selbst-Befreiung. Dann werden Sie auch – jenseits allen Verstehens – besser verstehen, was Gott ist.

Wie können wir zur Reife gelangen, wenn wir der Programmierung einen Vorwurf machen? Ist das nicht unreif? Führt das nicht zu Aussagen wie: „Der Teufel hat mich dazu verleitet" oder: „Ich bin ein Opfer der Gesellschaft"? Mit anderen Worten, weichen wir unserer Verantwortung nicht aus?

Machen Sie Ihrer Programmierung einen Vorwurf? Nein, das tun Sie hoffentlich nicht, Sie verstehen sie lediglich. Ihrer Programmierung einen Vorwurf zu machen, wäre, wie dem Teufel etwas vorzuwerfen – armer Teufel! Verantwortung übernehmen: Ja, aber man muss Verantwortung auf kluge Weise übernehmen, verstehen Sie? Denken Sie daran, was ich gesagt habe: Die Aufregung liegt nicht in der Wirklichkeit, sie ist in Ihnen. Machen Sie der Wirklichkeit keinen

Vorwurf, das spielt sich alles in Ihrem Kopf ab. Aber sollen Sie deshalb jetzt sich selbst einen Vorwurf machen? Es zeugt nicht von Reife, sich selbst einen Vorwurf zu machen, wenn es keinen Grund dafür gibt. Sie tun das alles ja nicht absichtlich, es ergibt sich aus Ihrer Programmierung. Aber das heißt nicht, dass Sie dann Ihrer Programmierung einen Vorwurf machen: Sie verstehen sie.

Wenn Sie sich das Knie an einem Tisch anschlagen, müssen Sie begreifen, dass der Schmerz nicht in dem Tisch ist. Der Schmerz wird durch etwas verursacht, was sich in Ihrem Knie abspielt. In Ihrem Knie passiert etwas, und das tut weh. Der Schmerz ist nicht in dem Tisch. Wenn Sie nun mit der Wirklichkeit zusammenstoßen, dann tut das ebenfalls weh. Der Schmerz wird aber nicht von der Wirklichkeit verursacht, sondern von etwas, was sich in Ihnen drin abspielt. Sie bringen den Schmerz nicht absichtlich hervor. Wer würde sich denn absichtlich Schmerz zufügen?

Und jetzt müssen Sie verstehen lernen, worum es sich bei diesem Etwas handelt, das sich in Ihnen drin abspielt. Warum spielt sich dasselbe in anderen Menschen nicht ab? Warum haben die einen sich davon befreit, während es bei anderen sofort losgeht? Das zu verstehen, ist Verantwortung – und als Ergebnis dieses Verstehens frei zu werden.

Wenn ich mir Opfer von Gewaltverbrechen ansehe, dann habe ich das Gefühl, dass aus einer solchen Situation schmerzhafte Gefühle und viel Verwirrung und Isolation entstehen. Und die Vorstellung, man solle sich in einer solchen Situation nicht aufregen, fühlt sich für mich sehr unbarmherzig an. Ich wüsste gern, wie Sie mit jemandem umgehen, der noch nicht auf Ihrer Ebene angekommen ist, und wie man sich einem solchen Menschen am besten nähert und Empathie zeigt.

Wenn jemand zu Ihnen kommt, der völlig aufgewühlt ist – sagen wir, eine Frau, die Opfer eines Verbrechens geworden ist, oder ein Mann voller Trauer, weil gerade seine Mutter gestorben ist –, dann werden Sie sich nicht hinstellen und sagen: „Oh, du trauerst, du bist aufgewühlt, mit dir stimmt etwas nicht." Nein, ganz sicher nicht. Es geht vielmehr darum, dass Sie verstehen. Dieser arme Mensch – ob die Trauer aus einer Abhängigkeit kommt oder der Schmerz und die Isolation Reaktionen auf einen Angriff sind – dieser arme Mensch bringt das alles nicht selbst hervor. Verstehen Sie, was ich sage? Dieser Mensch bringt den Schmerz nicht selbst hervor.

Wir können Mitgefühl und Mitleid zeigen, wir können diesem Menschen Verständnis entgegenbringen. Und wir können ihm, wenn er dazu bereit ist, ganz behutsam erklären, woher sein Schmerz rührt.

Denn letztlich zeigen wir kein Mitgefühl, wenn wir den Menschen das Geheimnis nicht erschließen. Drücke ich mich klar genug aus? Wenn Sie zum Beispiel zu mir kommen und sehr aufgewühlt sind, weil jemand Sie verletzt hat, dann werde ich Ihnen Verständnis zeigen. Ich werde Ihnen mit Mitgefühl begegnen. Aber irgendwann, irgendwo, wenn Sie bereit dazu sind, werde ich Ihnen etwas über das Geheimnis der Nicht-Anhaftung erzählen. Das ist für mich wahres Mitgefühl. Sie müssen es nicht so machen, es gibt auch andere Möglichkeiten.

Sie sagen, die Ursache dafür, dass wir aus der Fassung geraten, sind nicht die andern, nicht wir selbst, sondern unsere Programmierung. Aber waren es denn nicht die andern um uns herum, die uns programmiert haben, als wir sehr jung waren?

Doch. Aber sie haben es nicht mit böser Absicht getan. Sie sind selbst Opfer des Handelns anderer Menschen.

Immer wieder kommen Leute zu mir, die sich sehr über ihre Eltern aufregen. Sie können ihren Eltern nicht vergeben, sie hassen ihre Eltern. Also gut, ich verstehe sie. Ich sage allerdings nicht, dass Ihre Eltern alles falsch oder alles richtig gemacht haben. Vielleicht haben Ihre Eltern etwas falsch gemacht. Aber können Sie sie verstehen? Denn darum geht es bei der Liebe. Liebe macht dem anderen keinen Vorwurf.

Liebe richtet nicht. Liebe *ver*urteilt nicht. Liebe versteht. Können Sie verstehen, woher Ihre Eltern kommen? Können Sie verstehen, dass es nur ganz wenig Bosheit und ganz viel Unwissenheit gibt? Und ganz viel guten Willen, Hilflosigkeit und Programmierung, ganz viel Verwirrung und Angst? Haben Sie jemals innegehalten, um das zu verstehen? Gut, denn dann werden Sie verstehen, was Liebe bedeutet. Und das wird auch Sie verändern.

Ich verstehe jetzt, dass mein Glück darin besteht, von Anhaftungen und Begehren frei zu sein. Ich verstehe, dass Jesus selbst Angst, Schmerz und Zorn erlebt hat, aber diesen Lotus-Ort zu Füßen des Vaters nicht aufgegeben hat. Aber ich glaube ebenfalls, dass mein Glück nicht in einem völlig passiven Dasein liegt, in dem ich zum gefühllosen Zombie werde. Ich spüre, irgendwo in der Mitte gibt es eine Leidenschaft, eine Begeisterung und einen Eifer, den Jesus auch besaß, ohne dass daraus eine Abhängigkeit wurde. Deshalb würde ich gern etwas über Leidenschaft, Begeisterung und Eifer hören, die nicht zur Anhaftung werden.

Wissen Sie noch, was ich über den Bogenschützen gesagt habe? Wenn es keine Spannung und keine Aufregung gibt, dann werden in Ihnen alle Kräfte frei. Dann verstehen Sie auch, was echte Freude ist. Sie werden verstehen, was echte Begeisterung ist, was es bedeutet, sich mit Herz und Seele ins Leben zu stürzen – mit dem, was wir Leidenschaft nennen. Sie können sich jetzt mitten hineinstürzen, weil Sie sich nicht mehr mit diesen programmierten Gefühlen selbst behindern.

Die Vorstellung, dass wir darauf programmiert wurden, uns aufzuregen, zu ärgern und aus der Fassung zu geraten, bereitet mir Schwierigkeiten. Für mich sieht es bei kleinen Kindern, die noch nicht auf irgendetwas programmiert sind, eher so aus, als würden sie sich von Natur aus aufregen.

Das stimmt: Kleine Kinder regen sich auf, wenn sie etwas nicht bekommen, von dem sie glauben, dass es lebenswichtig und notwendig für ihr Glück sei. Nach einer Weile vergessen sie es, oder sie werden größer und kümmern sich nicht mehr darum.

Aber ein kleines Kind schert sich überhaupt nicht um andere Leute. Sie würden einem kleinen Kind nicht klarmachen, wie schrecklich es ist, ausgelacht zu werden. Sie können das Kind auslachen – ha ha ha – und das Kind lacht einfach zurück.

Kontrolle ist eine Droge. Nehmen Sie ein zweijähriges Kind und bringen Sie ihm bei, dass es sich gut fühlen soll, wenn ein anderer in die Hände klatscht, und dass es sich schlecht fühlen soll, wenn der andere

„Grrrr“ sagt. Wenn ein Kind das schluckt, dann ist alles vorbei. Dann hat die Programmierung begonnen.

Was ist mit einem Kriegsgefangenen oder einem Menschen, der Aids oder eine andere tödliche Krankheit hat? Ich kann wirklich nichts für sie tun, aber ihr Schicksal bringt mich aus der Fassung! Wie soll das gehen, dass ich mich davon nicht durcheinanderbringen lasse?

Denken Sie an den Aidskranken aus St. Louis, dem der Arzt gesagt hatte, er habe noch sechs Monate zu leben. Er war ganz gelassen. Warum wollen Sie sich aufregen, wenn er gelassen ist? Aber selbst wenn er nicht gelassen ist, sondern aufgewühlt: Wenn Sie das Leben betrachten würden und wissen, dass es endlich ist und endlich sein muss; wenn Sie nicht so viele Bücher lesen würden, sondern stattdessen einmal aus dem Fenster schauen und diese großartigen verschiedenen Jahreszeiten wahrnehmen, die es in Ihren Breitengraden gibt, und die wechselnden Farben der Blätter sehen, wenn sie fallen: wie viel würde Ihnen das über das Leben erzählen! Wenn Sie das verstanden haben, verstehen Sie auch den Strom des Lebens. Also: Ein leidender Mensch ist aufgewühlt, aber Sie können ihm kein bisschen helfen, wenn Sie sich jetzt auch noch aufregen. Ergibt das Sinn für Sie?

Wie passt das, was Sie sagen, zu der Art und Weise, wie wir anderen absichtlich Leid zufügen?

Tun wir das denn? Ich versuche es so kurz und bündig zu sagen, wie ich kann. Vermutlich würde es eigentlich eine Stunde Zeit verlangen, und ich hoffe, Sie missverstehen mich jetzt nicht. Aber ich gehe das Risiko ein, auf die Frage in aller Kürze zu antworten.

Wenn Sie jemandem Schaden zufügen, wissen Sie, dass Sie vor allem sich selbst Schaden zufügen! Wenn Sie Ihren Hass auf jemanden nähren, schaden Sie sich selbst, nicht wahr? Aber wer tut so etwas? Verrückte tun so etwas. Wer kauft eine schöne neue Armbanduhr für 3000 Dollar und streut Sand hinein? Verrückte. Wer setzt sich zum Essen nieder und streut zermahlenes Glas auf den Teller, um sich selbst zu zerstören? Verrückte. Verrückte Menschen begehen Sünden. Sie sind nicht richtig im Kopf. Sie bringen sich um.

Könnten Sie etwas über einen Menschen sagen, der sich vollkommen kontrolliert verhält? Und könnten Sie das mit der Aussage von Paulus verbinden, dass er Dinge tut, die er nicht tun will, und dass er Dinge nicht tun kann, die er wirklich gern tun würde?

Zu Ihrer ersten Frage: Manche Leute haben anscheinend vollkommene Selbstkontrolle erlangt, indem sie hart geworden sind und sich keine Gefühle mehr gestatten. Sehen Sie den Unterschied zu dem, was ich Ihnen heute vorgetragen habe? Wir haben es hier mit zwei Sorten von Menschen zu tun: Die eine Sorte sind Leute, die sich weigern, überhaupt noch etwas zu fühlen. Sie werden hart und sagen: „Ich kümmere mich nicht darum. Ich kümmere mich nicht darum. Ich kümmere mich nicht." Das ist das eine Extrem. Nicht besonders hilfreich. Die andere Sorte, über die ich gesprochen habe, sind Leute, die sich aufregen, diese Regung aber durch Verstehen überschreiten und darüber hinwegkommen.

Und was Paulus angeht: Er fragt ja auch, wer ihn aus dieser Situation befreien wird! Die Gnade Christi wird mich daraus befreien, sagt er. Nun, die Gnade Christi geht so viele Wege. Sie dürfen die Gnade Christi nicht als eine Substanz verstehen, die in uns hineingeschüttet wird. Wenn Sie zu einem tieferen Verständnis der Wirklichkeit kommen, ist das nicht schon die Gnade Christi? Wenn Sie sich selbst besser verstehen, ist das nicht die Gnade Christi?

Man wird ja sein ganzes Leben lang mit bestimmten Werten programmiert, und in zwischenmenschlichen Beziehungen muss man einige Kompromisse eingehen, was Werte anbetrifft. Selbst wenn man versteht, dass andere Leute auch programmiert sind, wo zieht man die Grenze, wie weit reicht der Kompromiss? Oder steigt man irgendwann einfach aus? Und wenn man versteht, dass die Programmierung für die Aufregung sorgt, wie befreit man sich von der Aufregung, wenn man mit Problemen überhäuft wird, die man nicht mehr kontrollieren kann?

Seien Sie geduldig. Erwarten Sie nicht, dass das alles in vierundzwanzig Stunden erledigt ist. Einige Leute haben Glück: Sie sehen es blitzartig und verstehen, was für einen Unterschied es ausmacht. Andere brauchen Zeit. Wochen, Monate vielleicht. Aber ich versichere Ihnen: Wenn Sie irgendwo anfangen, sehen Sie innerhalb einer Woche erste Ergebnisse. Die Aufregungen werden aber immer noch kommen, abhängig von der Tiefe der Programmierung.

Nun zum zweiten Teil Ihrer Frage: Es geht überhaupt nicht darum, Kompromisse zu machen, was Werte betrifft, was Gut und Böse angeht. Man macht im Umgang mit anderen an dieser Stelle keinesfalls Kompromisse. Man tut nichts Böses, um von anderen geliebt zu werden, ihren guten Willen oder ihren Beifall zu erlangen.

Ich habe in diesen Vortrag so viel in so kurzer Zeit hineingepackt, dass es vielleicht an einigen Stellen etwas verwirrend ist. Aber wenn Sie sich Zeit lassen und mit einem offenen Geist hinhören, dann klären sich die Dinge. Apropos offener Geist: Kennen Sie die Geschichte von dem New Yorker aus Brooklyn, der in Badehosen und mit einem Handtuch unterm Arm durch die Sahara läuft? Er trifft einen Araber und sagt: „Hallo." Und der Araber sagt auch: „Hallo." Dann fragt er den Araber: „Wie weit ist es denn von hier bis ans Meer?"

„Ans Meer? Um Himmels willen", sagt der Araber. „Das sind tausend Meilen von hier." Und der Kerl aus Brooklyn sagt: „Junge, Junge, was für Strände ihr hier habt!" Ein Strand?

So viel zum Thema offener Geist.

Geschichten zur Botschaft dieses Buches

Die Gabe des Feuers

Eines Tages entdeckte jemand, wie man Feuer entfachen kann. Er nahm sein Werkzeug zum Feuermachen und ging in den Norden, wo etliche Stämme in der Kälte vor sich hin bibberten. Er brachte ihnen bei, wie man Feuer machte, und erzählte ihnen, was für Vorteile das Feuer hatte. Und die Leute interessierten sich dafür. Sie lernten. Es dauerte nicht lange, da konnten sie auch schon kochen, benutzten das Feuer zum Hausbau und so weiter. Aber bevor sie sich bei dem Erfinder bedanken konnten, war er verschwunden. Er wollte keinen Dank, er wollte nur, dass die Menschen von seiner Erfindung profitierten.

Dann ging er zu einem anderen Stamm und versuchte auch diese Leute für seine Erfindung zu interessieren. Aber dort gab es Schwierigkeiten. Die Priester des Stammes begriffen, wie beliebt er wurde und wie schnell ihr eigener Einfluss bei dem Stamm dahinschwand. Also beschlossen sie, ihn zu vergiften. Und als die Leute Verdacht schöpften, es könnten die Priester gewesen sein, wissen Sie, was die Priester da machten?

Sie ließen ein riesiges Porträt von dem Mann malen und stellten es auf den Hauptaltar in ihrem Tempel. Dann dachten sie sich eine Liturgie aus, mit der dem Mann alle Ehre erwiesen wurde: ein Ritual. Und Jahr für Jahr kamen die Menschen und huldigten dem großen Erfinder und seinen Gerätschaften zum Feuermachen. Und das Ritual wurde treu bewahrt. Aber Feuer gab es nicht. Nur ein Ritual. Erinnerung, Dankbarkeit, Verehrung, ja. Aber kein Feuer.

„Warum nennt ihr mich Herr, Herr, und tut nicht, was ich euch sage?“ (Lukas 6,46)

Was befiehlt er uns? Liebe. Liebe befiehlt er uns. Und was ist das größte Hindernis der Liebe? Das, worüber ich heute gesprochen habe: unsere Programmierung. Unsere zwanghaften Abhängigkeiten. Sie behindern alles, wie ich Ihnen hoffentlich zeigen konnte. Die beste Religion auf Erden ist die Religion namens Liebe, nicht die Religion namens „Herr, Herr". Und wer hat das gesagt? Jesus Christus selbst. Das sollten wir Christen niemals aus den Augen verlieren.

Gnade und Anstrengung

Da wir von Gnade und eigener Anstrengung gesprochen haben, muss ich an die schöne Geschichte von dem frommen alten Mann denken, der eines Tages zu Gott sagte: „Herr, nun schau doch mal, wie treu ich dir mein ganzes Leben lang gedient habe." Natürlich bekam er keine Antwort.

„Na gut", sagte er zu sich, „ich habe dich nie um etwas gebeten, oder?"

„Das stimmt", antwortete er sich selbst stellvertretend für Gott. Und er fuhr fort: „Heute bitte ich dich um einen einzigen Gefallen, den kannst du mir nicht abschlagen. Mein Leben lang habe ich dir gedient, ich habe deine Gebote befolgt und alle Rituale eingehalten. Ich habe Gutes getan, bin deinen Regeln gefolgt. Jetzt tu mir diesen einen Gefallen: Lass mich in der Lotterie gewinnen, damit ich in Frieden und Sicherheit meinen Ruhestand genießen kann."

Er war überzeugt, dass Gott ihm seinen Wunsch erfüllen würde, und so wartete er und wartete und wartete. Und er betete jede Nacht, immer wieder dasselbe. Nach einem halben Jahr war immer noch nichts passiert. Da schrie er eines Nachts in heller Verzweiflung: „Gott, bitte, hilf mir, lass mich in der Lotterie gewinnen!"

Und nun stellen Sie sich vor, was für einen Schrecken er bekam, als er eine Stimme hörte: „Bitte, mein Sohn, hilf mir! Kauf ein Los!"

Er hatte also keinen Lotterieschein erworben. Sorgen Sie dafür, dass Sie sich ein Los kaufen. Benutzen Sie Ihren Verstand. Warten Sie nicht auf ein Wunder. Schauen Sie hin, versuchen Sie zu verstehen – und dann verändern Sie etwas.

Der Reichtum des Sannyasin

Ich erzähle Ihnen jetzt eine meiner Lieblingsgeschichten. Manchmal sagt eine Geschichte mehr als ein stundenlanger Vortrag, weil sie in der Tiefe zu uns spricht, und diese hier spricht jedenfalls zu mir.

Die Geschichte erzählt von einem Mann in Indien, der aus seinem Dorf hinausging und dort einen Sannyasin sah. Sannyasin nennen wir in Indien die wandernden Bettelmönche. Und dieser Sannyasin war ein Mensch, der Erleuchtung erlangt und begriffen hatte, dass die ganze Welt sein Zuhause war und der Himmel sein Dach über dem Kopf und dass Gott sein Vater war und für ihn sorgte. Und so zog er von Ort zu Ort, wie Sie und ich in unserem Haus von einem Zimmer ins andere gehen.

So kam er auf das Dorf zu, und als der Mann aus

dem Dorf auf einer Höhe mit ihm war, sagte er zu dem Mönch: „Das ist ja unglaublich!"

„Was ist unglaublich?", fragte der Sannyasin zurück.

Der Dorfbewohner sagte: „Heute Nacht habe ich von dir geträumt. Ich habe geträumt, dass unser Herr, der Gott Vishnu, zu mir sagt: ‚Morgen früh wirst du gegen elf Uhr dein Dorf verlassen und einen wandernden Sannyasin treffen.' Und da bist du."

„Was hat Vishnu denn noch zu dir gesagt?", fragte der Sannyasin.

Und der Mann antwortete: „Er hat zu mir gesagt: ‚Wenn der Mann dir einen Edelstein gibt, den er in seinem Besitz hat, dann wirst du der reichste Mann auf Erden sein.' Würdest du mir den Stein geben?"

Da erwiderte der Sannyasin: „Warte mal einen Moment." Er wühlte in seinem kleinen Rucksack und fragte dann: „Ist das der Stein?"

Der Mann aus dem Dorf traute seinen Augen nicht, denn es war ein Diamant, der größte Diamant auf der ganzen Welt. Er nahm den Diamanten in die Hand und fragte: „Kann ich den haben?"

Und der Sannyasin sagte: „Aber sicher kannst du ihn haben. Ich habe ihn im Wald gefunden, ich schenke ihn dir." Damit ging er seines Weges und setzte sich unter einen Baum vor den ersten Häusern des Dorfes. Der Mann aber hielt seinen Diamanten fest und freute sich über die Maßen.

So fühlt sich unsere Freude an, wenn wir etwas bekommen, was wir uns wirklich wünschen. Aber haben Sie jemals darüber nachgedacht, wie lange diese Freude anhält? Sie haben die Frau bekommen, die Sie begehren; den Mann, in den Sie verliebt sind. Das tolle Auto. Den Studienabschluss. Sie sind der beste Absolvent Ihres Universitätsjahrgangs. Wie lange dauert die Freude an? Wollen wir das einmal messen? Ich meine es ernst: wie viele Sekunden, wie viele Minuten? Und dann? Dann wird Ihnen langweilig, und Sie suchen nach etwas Neuem, nicht wahr?

Warum lernen wir nichts daraus? Das wäre von größerem Wert als jedes Studium der Heiligen Schrift, denn was nützt es uns, wenn wir in der Heiligen Schrift lesen und den Messias aufgrund dessen, was wir dort lesen, kreuzigen, so wie es mit Jesus geschah? Was nützt es, wenn wir nicht verstehen, was Leben, Freiheit und Spiritualität bedeuten?

Der Mann in der Geschichte hatte jetzt seinen Diamanten. Aber statt nach Hause zu gehen, setzte er sich ebenfalls unter einen Baum und blieb den ganzen Tag dort sitzen, tief in Gedanken versunken. Am Abend ging er zu dem Baum, unter dem der Sannyasin saß, gab ihm den Diamanten zurück und sagte: „Könntest du mir einen Gefallen tun?“

„Welchen Gefallen?“, fragte der Sannyasin.

„Könntest du mir stattdessen den Reichtum geben, der es dir möglich macht, mir diesen Stein einfach so zu schenken?"

Ich liebe diese Geschichte. „Könntest du mir den Reichtum geben, der es dir möglich macht, mir diesen Stein einfach so zu schenken?" Darin liegt der ganze Sinn dieses Buches.

Die Welt ist voller Leid. Die Wurzel des Leids ist das Begehren, das Anhaften. Wenn wir die Anhaftung loslassen, verschwindet das Leid. Wir müssen verstehen, dass Anhaftung auf falschen Glaubenssätzen beruht – auf der falschen Annahme, dass irgendetwas oder irgendjemand uns glücklich machen kann. Wahres Glück wird nicht „gemacht". Wahres Glück hat keine Ursache. Wenn Sie die Mystiker fragen, warum sie glücklich sind, antworten sie Ihnen: „Warum nicht?" Es gibt keine Schranke, kein Hindernis. Warum also nicht glücklich sein?

Haben Sie jemals darüber nachgedacht: Wenn etwas Sie glücklich macht, dann wird Ihr Glück zerstört, sobald Sie dieses Etwas nicht mehr haben. Ist Ihnen jemals der Gedanke gekommen, dass Sie besitzergreifend werden, sobald etwas Sie glücklich macht? Dass Sie anfangen, sich Sorgen zu machen, Sie könnten es verlieren? Was auch immer es sein mag – Wissen, Ansehen, Gesundheit, das Leben …

Interessanterweise entdecken wir an dieser Stelle das Leben wieder. Sie werden niemals leben, solange Sie sich ans Leben klammern. Lassen Sie los! Wenn

Sie klammern, stirbt das Glück. Wenn Ihr Glück von irgendjemandem oder irgendetwas abhängig ist, dann ist es kein Glück, sondern Sorge. Anspannung. Druck. Und Angst.

O wie süß!

Die Japaner haben dazu eine sehr gute Geschichte zu erzählen: Ein Mann läuft vor einem Tiger davon und kommt an einen Steilhang. Und weil er nicht aufpasst, rutscht er den Hang hinunter. Während er hinabrutscht, hält er sich an dem Ast eines Baumes fest, der dort wächst, eine Art Busch. Dann blickt er hinunter. Es gibt keine Möglichkeit, wieder hinaufzuklettern, und außerdem wartet dort oben ja der Tiger auf ihn. Aber wenn er weiterrutscht, dann ist es sein sicherer Tod, denn es geht noch 500 Meter weiter hinunter. Was soll er tun? Er hat nur noch wenige Minuten zu leben.

Er betrachtet den Busch, an dem er sich gerade festhält, und sieht, dass Beeren daran wachsen. Da hält er sich nur noch mit einer Hand fest und pflückt mit der anderen eine Beere, steckt sie in den Mund und probiert sie. Und, so heißt es in der Geschichte, „sie schmeckte sehr süß".

Ist das nicht wunderbar? Ich kann mich an Freunde erinnern – zwei Freunde zu verschiedenen Zeiten –, die mir sagten: „Erst als ich losließ, habe ich angefangen, das Leben wirklich zu schmecken und zu sehen, wie süß es war. Als ich begriffen habe, dass mein Leben nicht unendlich ist, da schmeckte es auf einmal richtig süß." Und wir tun paradoxerweise ständig das Falsche, um glücklich zu sein.

Wir sind geradezu darauf programmiert, unglücklich zu sein. Alles, was wir tun, um glücklich zu sein, macht uns noch unglücklicher. Was werden Sie tun? Sich ändern? Andere ändern? Irgendetwas erreichen? Sie müssen gar nichts tun. Sie müssen nur verstehen. Das Hindernis fallen lassen. Die falschen Glaubenssätze fallen lassen. Die Anhaftung wird fallen, und dann werden Sie wissen, was Glück ist.

Das ist leicht gesagt. Wenn Sie jetzt tagelang darüber meditieren und ein Stück davon als wahr erkennen, dann müssen Sie weder mir noch irgendjemand anderem zuhören; denn dann haben Sie es. Sie haben es erfahren. Sie haben es gesehen. Sie hängen nur deshalb an irgendetwas, weil Sie fälschlicherweise glauben, ohne diesen Gegenstand oder diese Person, ohne diese Situation oder dieses Ereignis könnten sie nicht glücklich sein. Aber dieser Glaube ist falsch. Sobald Sie erkennen, dass er falsch ist, werden Sie frei sein. So einfach ist das.

Wir streifen über die Erde und suchen nach dem Glück. Dabei haben wir es hier bei uns zu Hause, wir verstehen es bloß nicht. Wir hören Predigten, lesen Bücher und gehen in viele verschiedene Kirchen – und hören es nicht. Wir haben den Messias nicht erkannt, obwohl er vor unserer Nase stand. Das Glück war die ganze Zeit hier, schaut uns an, steht direkt vor uns. Und wir haben es nicht gesehen.

Schwierigkeiten mit anderen Menschen?

Sie haben Schwierigkeiten mit Menschen? Sie finden jemanden egoistisch, launisch, unzuverlässig, abweisend, dumm, unerträglich, unverantwortlich … was auch immer? Denken Sie an Ihre Schwierigkeiten im Umgang mit anderen Menschen: Kennen Sie die Wurzel all dieser Probleme? Halten Sie sich fest: Das sind Sie! Die anderen? Nein! Sie sind es, Sie selbst. Sie haben Schwierigkeiten? Sie selbst sind die Ursache dafür. Wie kann das sein, dass Sie davon betroffen sind?

Angenommen, Sie kommen zu mir und sagen: „Doktor, ich habe Magenkrämpfe. Es ist schlimm, wirklich ganz schlimm."

Und als Ihr Arzt sage ich zu Ihnen: „Wissen Sie was, ich verschreibe Ihrer Frau ein Medikament."

Und Sie antworten mir: „Vielen Dank, Doktor, jetzt geht es mir gleich besser."

Ist das nicht verrückt? Wer hat denn die Schwierigkeiten? Sie oder Ihre Frau? Aber wir sind so erzogen worden, dass wir immer denken, die anderen müssten sich ändern.

Wenn Sie sich aufregen, läuft bei Ihnen etwas schief. Da müssen wir erst einmal aufräumen. Sie sagen zu mir: „Ja, finden Sie denn nicht, dass meine Frau sich falsch verhält?“ Doch, natürlich verhält sie sich falsch. „Finden Sie denn nicht, dass sie sich ändern sollte?“ Doch, natürlich sollte sie sich ändern. Aber *Sie* können sie nicht ändern, verstehen Sie? Sie müssen sich erst einmal selbst ändern.

Wie war das noch mit dem Balken im eigenen Auge (Matthäus 7,3–5)? Wenn der draußen ist, können Sie den Splitter aus dem Auge Ihrer Frau entfernen. Sie sehen sie ja nicht einmal.

Und wissen Sie auch, woher das kommt? Ganz einfach: Wenn Sie sich aufregen, verstellt sich Ihr Fernglas. Wenn Sie sich aufregen, beschlägt Ihr Fenster. Und dumm wie Sie sind, werden Sie versuchen, alle anderen Häuser begradigen zu wollen, nur weil sich durch die Regentropfen an Ihrem Fenster Ihre Sicht verzerrt hat. Könnten wir vielleicht bitte erst mal Ihr Fenster sauber wischen? Das versuche ich hier: erst einmal das Fenster sauber zu wischen, durch das Sie die anderen wahrnehmen. Dann wissen Sie nämlich, was zu tun ist und was nicht.

Wir sehen die Menschen nicht, wie sie sind, sondern wie *wir* sind. Und es ist schon erstaunlich: Am Anfang sehen wir unhöfliche Menschen, und wenn wir uns verändert haben, sehen wir ängstliche Menschen. Die Ärmsten haben so viel Angst, dass sie feindselig reagieren. Jetzt können Sie mit Verständnis und Mitgefühl darauf reagieren, wo Sie früher mit Zorn und Hass reagiert hätten. „Warte mal, wieso ist er eigentlich so unhöflich?" Solange Sie sich aufregen, sehen und erkennen Sie nichts.

Könnten wir also erst einmal bei Ihnen aufräumen? Ach so, nein, Sie sind ja zu mir gekommen, damit ich allen anderen ein Medikament aufschreibe ...

Wir sind alle große Veränderer, wir wollen uns selbst verändern und die ganze Welt. Das hat uns unsere blöde Programmierung eingebrockt. Dabei brauchen Sie gar keine Veränderung, sondern nur Verständnis. Verstehen Sie sich selbst! Verstehen Sie andere. Ich sage jetzt etwas sehr Anstößiges, aber es ist trotzdem wahr: *Sie sind nicht dazu da, die Welt zu verändern. Sie sind dazu da, die Welt zu lieben.* Aber Sie wollen die Welt, verdammt noch mal, nicht lieben, sondern verändern. Wissen Sie, was das bedeutet: zu lieben? Lieben heißt sehen. Wie können Sie lieben, was Sie nicht einmal sehen? Und wie können Sie sehen, wenn Ihnen ein starkes Gefühl – und hier kommt noch ein Schock: es kann ebenso gut ein positives wie negatives Gefühl sein – im Weg steht?

Liebe macht blind, heißt es in einem Sprichwort. So ein Unsinn. Nichts ist so klarsichtig wie die Liebe; etwas Klarsichtigeres gibt es gar nicht. Anhaftung und Anhänglichkeit machen blind. Weil sie dumm sind und auf falschen Annahmen beruhen.

Was nennen wir Liebe? „Ich bin verliebt in dich." Wie bitte? Liebst du mich oder dich? Weißt du, was Verliebtsein bedeutet? „Ich will dich haben." Verliebtsein ist etwas sehr Besitzergreifendes. Es heißt: „Ich will dich für mich haben, ich werde ohne dich nicht glücklich, ich bin emotional von dir abhängig, ich kann ohne dich nicht glücklich sein."

Das ist eine Droge, eine Krankheit. Ihre und meine Kultur behaupten, es sei die höchste Tugend. Aber es ist Müll! – Nur wer traut sich, das zu sagen? Sie sind blind, Sie sind angefüllt mit sich selbst, wenn Sie verliebt sind. Haben Sie darüber schon einmal nachgedacht? Sie sehen den anderen gar nicht, Sie haben lediglich ein Bild der Hoffnung auf ihn projiziert, und dieses Bild lieben Sie. Wenn wir nicht irgendetwas vom anderen erwarten, dann sprechen wir nicht von Verliebtsein.

Wenn Sie also Beziehungsprobleme haben, dann schauen Sie sich selbst an. Fragen Sie sich, warum Sie sich so aufregen. Woher kommt das? Es kommt aus Ihrer Programmierung. Manchmal staune ich, dass Menschen, die mich irritieren, auf andere gar nicht irritierend wirken. Dann ist es gut, zu fragen: „Wie kommt es bloß, dass ihn dieses Verhalten nicht nervt? Und wie kommt es, dass es mich nervt? Irgendetwas läuft bei mir schief." Und ich war schon fast dabei, die irritierende Person verändern zu wollen ... Wenn ich mich nicht aufrege, kann ich das unternehmen. Ich kann etwas vorschlagen, etwas tun. Ich bin qualifiziert, Veränderung hervorzubringen, irgendetwas Veränderndes zu tun. Aber auch nur dann. Solange ich mich aufrege, ist mein Fernglas nicht scharf gestellt.

Das ist ein großartiges Geheimrezept zur Verbesserung zwischenmenschlicher Beziehungen. Und es hat mir schon so oft geholfen! Immer wenn ich Schwierigkeiten mit jemandem habe, wenn ich mich aufrege, dann sage ich zu mir: „Tony, bei dir läuft etwas schief. Wollen wir beide uns mal zusammen hinsetzen und die Sache ganz genau anschauen? Was meinst du?"

„Okay. Aber ich würde ihm am liebsten ..."

„Nein, nein, du bist noch viel zu aufgewühlt. Das kommt nicht von ihm und auch nicht von dir, sondern von deiner Programmierung."

„Ach ja, jetzt sehe ich es auch."

Plötzlich habe ich wieder den richtigen Blick. Ich habe Abstand und verstehe. Und endlich ist auch die Liebe da. Aber ich sage Ihnen, das ist alles gar nicht so einfach. Wir sind schwierig, die Liebe kann ziemlich schwierig sein. Aber Liebe ist fair. Liebe ist gerecht. Liebe schaut hin und hat keine Vorurteile. So viel zum Thema zwischenmenschliche Beziehungen.

Liebe ist kein Tauschhandel

Eine große Lüge, die man uns erzählt hat, als wir noch Kinder waren, lautet wie folgt: Du hast es nötig, geliebt zu werden. Solange man ein Kind ist, okay, darüber müssen wir nicht streiten. Aber wenn Sie vierundsechzig Jahre alt sind?

Sie sind fünfundzwanzig? Oder achtzehn? Aber wissen Sie, was man Ihnen immer noch weismachen will? Dass Sie es nötig haben, geliebt zu werden. Dass Sie es nötig haben, erfolgreich zu sein. Dass Sie die Zustimmung anderer Menschen brauchen, die Wertschätzung, die Bestätigung ... alles Quatsch. Aber alle glauben daran.

Ich sage Ihnen, was Sie brauchen, was Sie nötig haben: Es gibt nur *ein* Bedürfnis. Nach vielen Jahren des Nachdenkens bin ich zu dieser Einsicht gelangt. Es gibt nur *ein* Bedürfnis, nur *ein* einziges emotionales Bedürfnis, und das ist, zu *lieben*. Zu lieben. Mehr brauchen Sie nicht.

„Sie meinen, ich habe nicht das Bedürfnis, geliebt zu werden?“

Moment – verraten Sie mir, was Sie damit meinen: geliebt zu werden. Sprechen Sie über das Bedürfnis, begehrt zu werden? Ist es das – Begehren? Denn darüber reden alle, wenn auch mit anderen Worten. „Niemand begehrt mich.“ Sie wollen begehrt werden? Und Sie nehmen alle Konsequenzen dieses Begehrens in Kauf, all die Kontrolle und Manipulation? Ist es das?

Sie brauchen Wertschätzung. Gut. Aber passen Sie einmal auf, ich übertreibe jetzt etwas: Sobald Sie sich selbst zu verstehen beginnen, verstehen Sie auch die anderen, und dann wird es manchmal amüsant. Sie denken: „Da kommt der alte Soundso, pass mal auf, den mache ich jetzt glücklich." Oder Sie sagen: „Hallo, Tom, du siehst heute früh ja großartig aus. Mein Gott, zwanzig Jahre jünger!" Und schon ist Tom ganz glücklich. Oder Sie sagen zu Ihrem Pfarrer: „Das war eine ganz tolle Predigt, wissen Sie das?" Und schon ist er hingerissen und Sie können ihn um den kleinen Finger wickeln.

Vielleicht haben Sie das ja schon einmal gemacht. Mit menschlichen Affen kann man alles machen. Sie müssen ihnen nur sagen, dass Sie sie mögen, und ihnen etwas Nettes über sie selbst erzählen, dann sind sie ganz hingerissen und lieben Sie. Aber was hier als Liebe bezeichnet wird, ist natürlich Affenliebe. Sie wissen, was für eine Art Liebe das ist? Passen Sie auf! „Du bist gut zu mir, ich bin gut zu dir, okay? Du gibst mir, was ich will, und ich mag dich, okay? Du gibst mir nicht, was ich will, und ich mag dich nicht."

Das soll Liebe sein?

Ein guter Handel ist das. Diese Art von „Liebe" finden Sie auf dem Markt oder an der Wall Street. Man nennt es Liebe, über den Rest spricht man nicht.

Niemand hat das schon mal für uns analysiert – oder jedenfalls sehr wenige. Nie habe ich jemanden sagen hören: „Hey, was ihr da Liebe nennt, ist in Wirklichkeit nur ein Handel. Ein Tausch, ein Geschäft." Ich habe Bücher über die Ehe gelesen, von allen möglichen sehr religiösen Leuten. Aber sie haben offenbar alle keinen Schimmer davon.

Im Grunde genommen läuft es auch in der Ehe auf Folgendes hinaus: „Du bist nett zu mir, ich bin nett zu dir. Wenn du aber nicht nett zu mir bist, wenn du mich betrügst, untreu bist, mich hintergehst, dann bin ich natürlich sauer auf dich und rege mich auf." Und alle sagen: „Ja, natürlich." Wieso natürlich? Das nennen Sie Liebe? Nehmen Sie sich einen Computer. Drücken Sie die rote Taste und loben Sie ihn. Dann ist er so was von glücklich! Drücken Sie die blaue Taste und kritisieren Sie ihn. Dann ist er am Boden zerstört. Wollen Sie so enden?

Es gibt Bücher von den angesehensten Psychologen der Welt, in denen uns erzählt wird, so müsste es sein. Wenn Ihnen die Leute sagen, dass Sie okay sind, dann soll es Ihnen gut gehen. Und wenn Ihnen die Leute sagen, dass Sie nicht okay sind, dann sollen Sie sich schlecht fühlen. Das nennt man dann menschlich. Ich sehe dahinter nur Mechanik.

Ich habe eine Geschichte von einer Frau gelesen, die ihren halbwüchsigen Sohn fragte: „Was sieht deine Freundin in dir? Was gefällt ihr an dir?"

Und er antwortete: „Ihr gefällt an mir, a) dass ich gut aussehe, b) dass ich intelligent bin und c) dass es lustig ist, mit mir zusammen zu sein."

Da fragte ihn seine Mutter: „Und was gefällt dir an ihr?"

„Dass sie mich für intelligent, gut aussehend und lustig hält."

So dumm sind die Menschen, glauben Sie mir. Wenn Sie ihnen nur sagen, dass Sie sie mögen, dann mögen sie Sie auch. Sie sind Computer, Maschinen mit mechanischen Reaktionen.

„Warum kaufst du deine Zeitung nicht einfach woanders? Er ist so unhöflich." – „Warum sollte er darüber entscheiden, wo ich meine Zeitung kaufe? Weshalb sollte sein Verhalten über mein Leben entscheiden?" Ist das nicht wunderbar?

Denn was Sie angeht: Sie sollten wie Ihr himmlischer Vater sein – allumfassend liebevoll und voller Mitgefühl. Denn er lässt seine Sonne scheinen über Guten und Bösen. Er lässt seinen Regen auf Sünder und Heilige fallen. Was wissen Sie schon? Wenn Sie nur die Leute grüßen, die Sie grüßen, dann sind Sie ein Affe wie alle anderen. Ein Computer mit mechanischen Reaktionen. Warum haben wir das nicht früher herausgefunden? Es lag direkt vor unserer Nase, und wir haben es nicht gesehen.

Man hat uns Drogen verabreicht

Nehmen Sie ein kleines Kind, sechs Jahre alt, und geben Sie ihm eine Spritze mit Heroin oder irgendeiner anderen Droge. Wenn Sie das ein paar Mal machen, wird der gesamte Körper des Kindes die Droge brauchen. Er wird sogar ganz verzweifelt danach verlangen. Dieses Kind würde dann nicht mit guter, gesunder Nahrung aufgezogen, sondern mit der Droge. Und wenn Sie ihm jetzt die Droge wegnehmen, dann wird sein gesamter Körper Todesqualen erleiden.

Wollen Sie etwas Überraschendes hören? Genau das ist mir und Ihnen, letztlich mit uns allen geschehen. Man hat uns Drogen verabreicht, als wir noch Kinder waren. Man hat uns nicht mit einer guten, gesunden Nahrung von Spiel und Arbeit und Schönheit und Sinnenfreude aufgezogen und, als wir älter wurden, mit den Freuden des Geistes. Nein! Man hat uns eine Droge namens „Beifall“ verabreicht. Eine Droge namens „Erfolg“. Eine Droge namens „die Spitze erreichen“. Bestätigung, Triumph, Sieg. Man hat uns Macht, Ansehen, Ruhm und Prestige gegeben. Lauter Drogen.

Und wissen Sie was? Wir haben uns ganz gut dabei gefühlt. Es fühlt sich schwindelerregend an, wenn man uns applaudiert. Wir haben angefangen, es ganz toll zu finden, wenn wir bekannt waren, erfolgreich, beliebt. Aber je älter wir wurden, desto besser konnte man uns damit kontrollieren, auf welche Weise auch immer. Man musste uns nur die Droge entziehen. Wer das nicht durchgemacht hat, ist wirklich zu beglückwünschen!

Sie bekommen keine Zustimmung – also fühlen Sie sich unsicher, ruhelos. Sie werden kritisiert und erfahren keine Bestätigung – schon setzen die Entzugserscheinungen ein, und sie kriechen zurück, um Vergewisserung zu erhalten. Es gibt tatsächlich Psychologen, die darüber Bücher schreiben, dass das so sein muss, dass man so leben muss. Mehr Drogen, mehr Kontrolle.

Als Ergebnis dieses Drogenkonsums haben Sie Ihre Fähigkeit zur Liebe verloren. Denn wenn Sie jemanden *brauchen,* dann können Sie ihn nicht lieben. Und wissen Sie auch, warum? Weil Sie den Menschen dann nicht mehr sehen. Wenn ein Politiker Stimmen braucht, dann sieht er die Menschen nicht mehr, nur Wähler. Wenn Geschäftsleute über ihren Profiten durchdrehen, dann sehen sie die Menschen nicht mehr, nur Kunden. Wenn ich etwas von Ihnen will, dann sehe ich Sie nicht – dann will ich nur etwas von Ihnen haben.

Und so geht es vierundzwanzig Stunden am Tag. Bewusst oder unbewusst wollen wir etwas von den Menschen um uns herum. Wir wollen ihre Zustimmung und wir fürchten ihre Missbilligung. Wir haben Angst vor der Zurückweisung und fürchten uns davor, was sie über uns denken mögen. Wie kann man Menschen lieben, wenn man emotional so abhängig von ihnen ist?

Aber wir müssen uns doch aufeinander verlassen, erklärt man Ihnen mit erhabener Pose. Natürlich hängen wir voneinander ab, nur so gedeiht unsere Gesellschaft. Wir teilen die Arbeit und die Sorge füreinander. Das ist großartig, und ich habe auch gar nichts gegen diese Art von Abhängigkeit. Schlimm wird es erst, wenn wir voneinander abhängig sind, um glücklich zu werden. Voneinander abhängig zu sein, um zu lernen, technische Fertigkeiten zu erlangen, Nahrung zu produzieren – das ist gut so. Jede Förderung der Zusammenarbeit auf dieser Erde ist eine wunderbare Sache. Aber wenn wir voneinander abhängig sind, um glücklich zu sein, dann wird es richtig schlimm. Dann können Sie nämlich nicht mehr lieben. Denken Sie später darüber nach, wenn Sie Zeit und Muße haben.

Wenn Sie den Punkt erreichen, dass Sie aufhören, sich von anderen emotional abhängig zu machen, wenn Sie das Bedürfnis nach anderen auslöschen, dann wird sich das ganz grauenhaft anfühlen, vor allem beim ersten Mal. Denn dann sind Sie auf einmal allein. Nicht einsam, aber allein. Ein seltsames Gefühl. Plötzlich verstehen Sie, dass Sie die ganze Zeit schon allein gewesen sind, ohne es zu sehen. Und dann erkennen Sie, wie schön es ist, allein zu sein, wie angenehm es ist, von anderen emotional nicht mehr abhängig zu sein. Und zum ersten Mal verstehen Sie, dass Sie Menschen lieben können.

Sie brauchen niemanden mehr zu bestechen, zu manipulieren, nicht einmal zu beeindrucken. Sie brauchen auch niemanden zu besänftigen. Und endlich können Sie lieben. Zum ersten Mal in Ihrem Leben sind Sie unfähig zur Einsamkeit. Sie können gar nicht mehr einsam sein. Wissen Sie, was „Einsamkeit" bedeutet? Es ist ein verzweifeltes Begehren anderer Menschen, bis dahin, dass Sie ohne andere Menschen unglücklich sind. Einsamkeit lässt sich durch menschliche Gesellschaft nicht heilen, sondern nur durch den Kontakt mit der Wirklichkeit – wenn Sie verstehen, dass Sie die anderen nicht brauchen. Sie können andere Menschen endlich genießen, weil Sie sie nicht mehr brauchen.

Es gibt keine Anspannung mehr. Wissen Sie, was das heißt, mit anderen Menschen ohne Anspannung zusammen sein? Weil es Ihnen piepegal ist, ob sie Sie mögen oder nicht oder was sie von Ihnen halten. Wissen Sie, was das heißt? Freiheit! Freude! Sollen sie denken, was sie wollen, mögen sie sagen, was sie wollen. Schon in Ordnung. Es betrifft Sie nicht. Sie sind die Droge los.

Trotzdem sind Sie natürlich immer noch *in* dieser Welt; Sie sind nur nicht mehr *von* dieser Welt (Johannes 18,36). Sie stehen nicht mehr unter Kontrolle.

Und ganz plötzlich haben Sie keinen Ort mehr, an den Sie Ihr Haupt legen. Die Füchse haben ihre Höhlen und die Vögel ihre Nester. Aber Sie legen Ihr Haupt nirgendwohin, weil Sie das nicht mehr nötig haben (Matthäus 8,20). Sie klammern sich an nichts mehr. Das ist der Anfang der Liebe.

Aufwachen zum Glück!

Jetzt habe ich Ihnen arg viel Stoff zur Meditation gegeben. Es ist ein bisschen mit mir durchgegangen, fürchte ich. Ich biete Ihnen jetzt ein kleines Gleichnis an, und danach schließen wir mit der einen Geschichte, die ich als meine Lieblingsgeschichte auswählen würde, wenn ich unter meinen Tausenden Geschichten wählen müsste.

Das Gleichnis von den Touristen im Bus

Zuerst das Gleichnis: Eine Touristengruppe sitzt in einem Bus, der sie durch eine fantastische Landschaft fährt. Im Bus sind die Vorhänge zugezogen, damit niemand etwas sieht. Und was glauben Sie, was tun die Fahrgäste? Einige schlafen tief und fest, andere streiten darüber, welche Frau im Bus am besten angezogen ist. Oder um die besten Plätze. Und so geht es bis zum Ende der Reise. Keiner der Touristen hat irgendetwas von der wunderbaren Landschaft gesehen.

Was glauben Sie, wie viele Leute ihr Leben auf diese Weise verbringen? Sie beeindrucken andere, sorgen dafür, dass man sie nicht kritisiert, haschen nach Bestätigung. Ich frage mich, wie viele Menschen davon nicht besessen sind, vierundzwanzig Stunden am Tag, bewusst oder unbewusst. Sehr wenige, schätze ich. Und die Folge? Sehr wenige Menschen sind wirklich lebendig. Man kann das Leben erst neu entdecken, wenn man versteht, wie falsch unsere Kultur und unsere Gesellschaft gestrickt sind. Und zu einem gewissen Grad leider auch viele der Weltreligionen. Sie sind Feinde des Lebens.

Der Löwe, der dachte, er sei ein Schaf

Hier kommt meine Lieblingsgeschichte: Es war einmal ein Löwe, der wuchs in einer Schafherde auf und hatte keine Ahnung, dass er ein Löwe war. Es war ihm einfach nicht bewusst. Er blökte wie ein Schaf, er fraß Gras wie ein Schaf. Eines Tages, als sie am Rand eines großen Dschungels entlang wanderten, ließ ein mächtiger Löwe ein großes Gebrüll hören und sprang aus dem Wald, direkt in die Schafherde. Die Schafe sprangen auseinander und liefen weg. Stellen Sie sich die Überraschung des Dschungellöwen vor, als er den anderen Löwen unter den Schafen entdeckte. Also jagte er ihm nach und packte ihn. Da lag er nun, wand sich vor dem König des Dschungels. Und der Dschungellöwe fragte ihn: „Was machst du hier?“

Der andere Löwe sagte: „Hab Erbarmen mit mir! Friss mich nicht! Hab Erbarmen!“

Aber der König des Dschungels zerrte ihn weg und sagte: „Komm mit.“

Und er brachte ihn zu einem See, stellte ihn ans Ufer und sagte: „Sieh selbst.“

Da sah der Löwe, der dachte, er sei ein Schaf, zum ersten Mal sein Spiegelbild. Sein Bild. Er schaute zum Dschungellöwen, blickte wieder ins Wasser, und dann ließ er ein mächtiges Gebrüll hören. Er war nie mehr ein Schaf. Es hatte nur eine Minute gedauert.

Vielleicht hat einer von Ihnen inzwischen genauer hingesehen und das Netz aus Lügen, Konditionierungen und Programmierungen durchschaut, in das wir alle verstrickt worden sind. Vielleicht haben Sie jetzt den Hauch einer Ahnung, wer Sie sind. Wenn es so ist, dann haben meine Worte ihren Zweck erfüllt.